Sprüche, Toasts & Trinklieder

Impressum

Redaktion: Herbert Scheubner
Layout und Satz: Rainer Wiedemann, Puchheim; Wolfgang Lehner, München
Umschlag: Manuela Hutschenreiter
Produktion: Manfred Metzger (Leitung), Annette Aatz

Printed in Slowakia
Gedruckt auf chlor- und säurearmem Papier

ISBN 3-517-09130-8

Sprüche, Toasts und Trinklieder

Auswahl, Bearbeitung und Zusammenstellung der Texte:
Bruno Horst Bull

Illustrationen:
Beate Brömse, München

CORMORAN

Inhalt

Kleine gereimte Einführung

Wer Nettes gern in Reimen sagt
und nicht nach Zeit und Mühe fragt,
der kann mit diesem Buch viel machen;
er erntet Dankbarkeit und Lachen
und das gewiss aus jedem Text.
Was hier gereimt, ist nicht gehext
und was entstand, was hier zitiert,
ist in der Praxis ausprobiert.
So darf man's, ohne sich zu schämen,
zum eigenen Nutzen übernehmen,
auch manches ändern, wenn es nötig,
erweitern, bessern, selbst vierschrötig
ein wenig pfeffern, wer's verträgt.
So wird's als Kärtchen hingelegt,
fein sauber vorher abgeschrieben
und aufgesagt im Kreis der Lieben,
in der Kommune, der Gemeinde,
im Kirchenleben, im Vereine.
Trinksprüche kann man immer hören,
da sie gefallen und nicht stören.
Mit Ruhm und Lorbeer wird bekränzt,
wer so als Vortragskünstler glänzt!

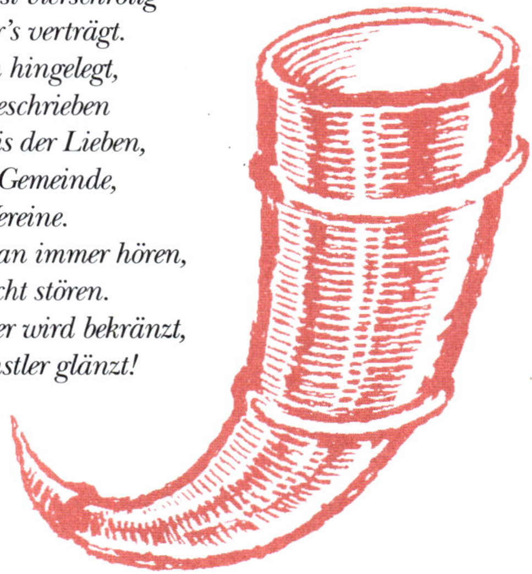

Wer eifrig in den Sprüchen liest,
die Weisheit mit dem Löffel frisst.
(Volksgut)

Vorwort

Wenn es »die Liebe und den Alkohol« nicht gäbe, wie viele »geist«-volle Texte und Lieder wären niemals geschrieben und gesungen worden? Der Verlust wäre nicht auszudenken. Lyrische Dichter im Schaffensrausch, beschwingt und beflügelt vom Geist des Weines oder des Gerstensaftes, hätten niemals ihre unsterblichen Reime zu Papier gebracht und witzige Parodien und Nonsensverse erdacht. Poesie und Trunkenheit, das ist, als hätte sich ein Model mit einem Nobelpreisträger verbunden, um ein Kind von außerordentlicher Schönheit und hoher Intelligenz zu gebären. Was beschwingt im Suff gedichtet wurde, ist noch lange nicht vollkommen, aber mit Sicherheit originell. Sind es nicht gerade die »misslungenen Kinder«, die den vom Schicksal gebeutelten Eltern alle Mühe abverlangen?
Dithyrambisch (= überschwänglich und trunken) geht es sowohl bei den »Kneip- und Herrentischliedern« der Biedermeierzeit als auch bei den Nonsenssprüchen heutiger Spontipoeten zu. Der Herausgeber von Trinkpoesie aus der Zeit unserer Großeltern fühlte sich noch verpflichtet, besonders seine Leserinnen zu warnen:

»Der harte Bursche mag sich dran erbauen,
doch sind's nicht alle Liedchen für nervöse Frauen.«

Im Zuge der Gleichberechtigung können heute auch die Damen einen »Stiefel« vertragen, und die Sittenpolizei wird nicht einschreiten, auch wenn eine Stammtischparodie gelegentlich in sexuelle Anspielungen abgleiten sollte. Ernsthaft stören wird es niemanden.
Die Zeit der Dionysien, Bacchanale und mittelalterlichen Saufgelage ist Vergangenheit, unsere heutigen Bier- und Volksfeste vermitteln davon nur wenig. Wer sich im antiken Rom in betrunkenem Zustand etwas zu Schulden kommen ließ, erhielt das doppelte Strafmas als wenn er nüchtern gewesen wäre. Heute gibt es für Betrunkene mildernde Umstände – nicht nur auf dem Münchner Oktoberfest, dem wohl größten Volksfest der Welt.
Keine mildernden Umstände sollte derjenige erwarten, der einen Trinkspruch

verpatzt. Der schönste Toast nützt nichts, wenn Sie in leicht angetrunkenem Zustand verschiedene Passagen verwechseln oder vergessen. Schreiben Sie deshalb den ausgewählten Spruch vor der Präsentation auf ein Kärtchen, das sie für den Notfall immer bei sich tragen. Noch ein Rat: Bringen Sie an einem Abend nicht mehr als drei Sprüche zu Gehör, sonst riskieren Sie, dass die erzielte Überraschung schnell eintönig wird.
Ein Trinkspruch – auch wenn er aus der eigenen Feder stammt – ist keine Tischrede! Er sollte kurz und bündig sein und sofort auf den Punkt kommen, der da lautet: Hoch die Tassen!
Ursprünglich diente der Trunk dazu, einer Gottheit – etwa dem römischen Weingott Bacchus –, einem Ahnen – beispielsweise dem Verstorbenen während des Leichenschmauses – oder einer hochrangigen bzw. hochgeschätzten Person eine besondere Ehre zu erweisen. Bei Familienfesten ist es auch heute durchaus üblich, den Jubilar entsprechend zu bedenken.
Natürlich gibt es unzählige andere Gelegenheiten, einen witzigen Toast oder einen pfiffigen Trinkspruch an den Mann bzw. an die Dame zu bringen – ob als Krugwirt oder im Verein, ob als Chef oder Familienvater, ob als rüstiger Rentner, ob als Sportler, Student oder Soldat, ob als lustiger Stammtischbruder oder als Powerfrau, die mit beiden Beinen fest im Leben und »ihren Mann« steht. Sie alle werden diese fröhlichen und auch nachdenklichen Verse gerne anwenden, so dass Ihr Fest gelingt und Sie dem trinkfesten Kurfürst Ludwig von der Pfalz beipflichten können, der um 1600 resümierte:

»War es nicht ein schönes Fest?
Bin mal wieder voll gewest!«

Studieren Sie also munter
die »Wirtschaftswissenschaften«,
denn: Alkohol wird immer getrunken.

Zum Wohl!

Lob des Bieres

Hopfen und Malz,
Gott erhalt's!
(Wirtsspruch)

Vor mehr als 5000 Jahren wurde im Zweistromland zwischen Euphrat und Tigris bereits Bier gebraut. Im antiken Ägypten, so berichten die Quellen, verwendeten reiche Damen Bier als Schönheitsmittel und badeten im gegorenen Gerstensaft, als sei es reines Nilwasser. Die Menschen der Hallstattzeit besaßen tönerne Amphoren, in denen sie Bier aufbewahrten. Von den Germanen berichten uns römische Geschichtsschreiber, dass die Männer in ihren Höhlen auf Bärenfellen lagerten, riesige Trinkhörner in den Händen hielten und süßgärigen Honigmet schlürften.
Im Mittelalter galt Bier während der Fastenzeit als Kraftnahrung. Jeder Klosterbruder bekam sein »Maß« kräftiges Märzenbier, das besonders stark gebraut war, und geriet durch die Wirkung des Alkohols (möglicherweise) in religiöse Verzückung. Schon damals gab es mancherlei »Bierlob«, und berühmte Dichter wie Walther von der Vogelweide rieten zur Mäßigung.
Was uns aus der alten Burschenherrlichkeit des Biedermeier an lockeren Bierliedern überliefert ist, beschert uns noch heute häufig ein »Aha-Erlebnis«: Irgendwo haben wir das schon einmal gehört – oder nicht?
Vor 100 Jahren schließlich erfanden Dichter in geselliger Runde und bierseliger Stimmung die so genannten Nonsensverse. Stellvertretend für alle anderen seien die Stammtischdichtungen eines Christian Morgenstern (1871–1914) und Wilhelm Busch (1832–1908) genannt. Joachim Ringelnatz (1883–1934) dichtete aus Anlass des Münchner Oktoberfestes:

»Ein Maß Bier und zwei Maß Bier
und hundert Maß Bier und tausend Maß Bier,
so leben wir, so leben wir an der Isar!«

Daran hat sich bis in die heutige Zeit der Disko-»Theken«-Fröhlichkeit nicht viel geändert.

Märzenbier

Behalt die Perlen und dein Gold,
behalt die Diamanten!
Was tut's, wenn auch Fortuna schmollt
durch ganze Folianten.
Es bleibt zuletzt doch etwas noch,
was muss das Herz erheben
weit über jedes Unbill hoch
und schöner macht das Leben.
Ach, wenn ich es nicht sage dir,
du würdest's nie erraten:
Freund, heute gibt es Märzenbier
und Heringe gebraten!

Franz Carl Spitzweg
(1808–1885)
Autodidaktischer Maler und
Poet des Biedermeier

Der Bocktrinker

Um elf Uhr trink ich's erste Glas,
das ist die rechte Zeit,
so gehört es sich und anders nit
für sachverständige Leut.
Um halb zwölf kommt das zweite Glas.
Und war das erste gut,
so weiß ein jeder, dass das zweite
noch viel, viel wohler tut.
Um zwölf Uhr nachher kommt das dritt,
's wär gnug für in der Fruh.
Geschwind so fort von dieser Freud?
Was sagst jetzt du dazu?

Die Antwort des Trinkbruders:
Frisch eingeschenkt!

Nach Franz von Kobell
(1803–1882)
Autor von Volksstücken und
bayerischen Mundartdichtungen

An den Bierbrauer

Erhöret unsern Wunsch, ihr lieben Brauer, ihr!
Erhört ihn und verschont uns heu'r mit saurem Bier!
Ihr habt vor einem Jahr euch ziemlich wohl gehalten,
so lasst es denn auch heu'r verbleiben bei dem Alten!

Matthias Etenhueber
(1720–1782)
Kurfürstlich-bayerischer Hofpoet

Zum Maibock

Bei gutem Bock, das sag ich dir,
verzapft man Jux, verzapft man Bier.

Bier, Bier, Bier!

Warum sollt im Leben
ich nach Bier nicht streben,
warum sollt ich denn
nicht manchmal fröhlich sein?
Meines Lebens Kürze
allerbeste Würze
ist der Gerstensaft allein.
Schenkt ein!

(Um 1850)

Lied vom Bier

Ein Fremder sitzt auf einem Fass
im Münchner Hofbräuhaus
und bricht entzückt von solchem Nass
in hellen Jubel aus.
»Warum besingt man nur den Wein,
warum nicht auch das Bier?«
So fragt er. »Kann's denn möglich sein,
gibt's keine Dichter hier?»
»G'nug«, sagt der Stammgast, »'s fehlt uns net
an Dichtern und Gesang.
Wer aber was vom Bier versteht,
der sauft's und singt net lang.«

Verfasser unbekannt

Wohl bekomm's

Um das Leben zu ertragen,
ist ein Weißbier immer gut,
trinkst du es an allen Tagen,
gibt es Kraft dir, Trost und Mut.
Doch bei einem soll's nicht bleiben,
sitzt du hier in froher Runde:
Siehe jeder, wie wir's treiben!
Führ'n wir unser Glas zum Munde
und – wohl bekomm's!

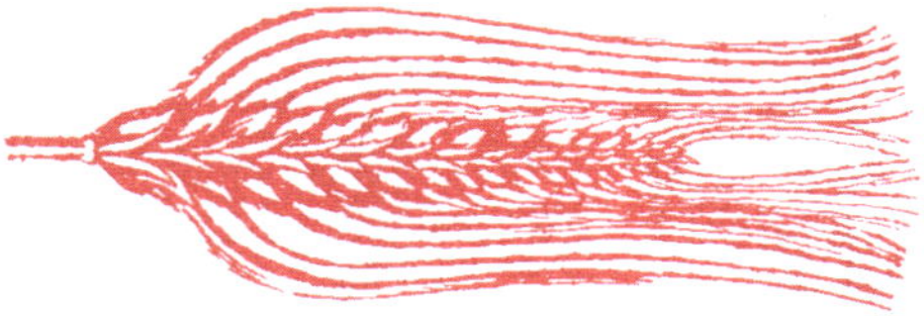

Zur Herrlichkeit geboren

Sind wir nicht zur Herrlichkeit geboren?
Sind wir nicht gar schnell emporgediehn?
Malz und Hopfen sei an uns verloren,
haben unsere Alten oft geschrien.
Sähen sie uns doch hier
bei dem lieben Bier,
das uns Amt und Würden hat verliehn.
Um den Gerstensaft, ihr edlen Seelen,
dreht sich unser ganzer Staat herum.
Brüder, schmiert verdoppelt eure Kehlen,
bis die Wände kreisen um und um.
Bringt uns Fass auf Fass,
aus dem Fass ins Glas,
aus dem Glas ins Refektorium!
Im Olymp bei festlichen Gelagen,
Brüder, sind wir uns einander nah.
Wenn dann Hebe kommt, um uns zu
fragen:
»Wünschen Sie vielleicht Ambrosia?«
Wie kommst du mir für?
Bring mir bayrisch Bier!
Ewig bayrisch Bier,
halleluja!

Hermann A. Wollheim
(1. Hälfte des 19. Jahrhunderts)

Amen

Ein Prosit der Gemütlichkeit
zu jeder Zeit, in uns'rer Zeit!
Das Herz wird weit, wenn ohne Streit
wir friedlich hier beisammen sind.
Kein Sturm, kein Wind, kein Wetter
kann uns trennen.
Wir, die wir uns gut kennen
und alle mögen, stehn zusammen
bis zum fröhlichen Ende. Prosit!
Amen.

Refektorium: Trinksaal (eigentlich Speisesaal im Kloster)
Olymp: Wohnsitz der Götter
Hebe: Griechische Göttin der Jugend, Mundschenkin der Götter

Alleinig hilft's Salvatorbier

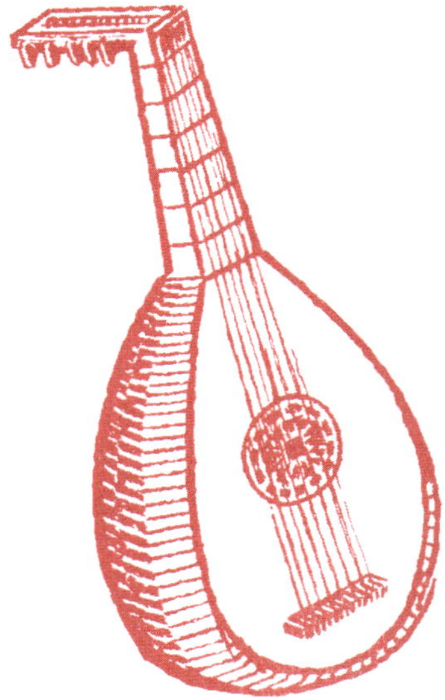

Hat jemand sich den Fuß verstaucht,
er durchaus keinen Doktor braucht,
und wer das Bein sogar entzwei:
Salvator drauf – es hält wie neu!
Bei Podagra und Zipperlein
reibt man sich mit Salvator ein.
Wen heute noch die Gicht geplagt
hat morgen früh sie schon verjagt,
braucht weder Salbe, Öl noch Schmier,
ihm hilft allein Salvatorbier.
Bei einer Bergtour ist es schön,
weil keiner kann zugrunde gehn.
Stürzt wer in einen Gletscherspalt,
erreicht die Hilfe ihn gar bald:
Man lässt ins kühle Felsengrab
ein Fass Salvatorbier hinab.
Er trinkt – sein Körper wird drob heiß,
dass rings wie Butter schmilzt das Eis
und lachend steigt er dann herfür,
gerettet durch Salvatorbier!

Jakob Geis
(um 1840–1908)
Komiker und Volkssänger

Bundeslied der »Nachtlichter«

Nachtlichter sind wir allzumal,
wenn es beginnt zu dunkeln;
das Öl ist uns das braune Bier,
bis früh am Morgen trinken wir
und leuchten hell und funkeln.

Wilhelm Busch
(1832–1908)
Deutscher Maler, Zeichner
und Dichter. Berühmt durch
seine Bildergeschichte
Max und Moritz

Märzensport

Wo man hinschaut, weit und breit,
herrscht der Sport in uns'rer Zeit,
und kaum einer wird noch leben,
der sich nicht dem Sport ergeben.
Sei's nun dieses oder das,
jeder liebt so irgendwas,
was die Stunden hilft vertreiben,
die ihm zur Erholung bleiben
und dabei auch noch zumeist
stärken Körper oder Geist.
Namentlich im schönen Märzen,
wenn der Frühling schwellt die Herzen,
regt auf Giesings Hochplateau
mächtig sich der Sport und froh,
denn das Blut kreist ja viel schneller
droben am Salvatorkeller,
wenn Paulanernektar quillt
stark und frisch und voll und mild. –
München ist nicht mehr zu kennen,
alles ist in einem Rennen;
alle packt tief in der Brust
die Salvator-Wanderlust.
»Lasst uns länger nicht verweilen,
lasst zum Nockherberg uns eilen«,
tönt es aus dem Redeschwall,
wo man hinkommt überall.
»Wo weißblau die Fahnen grüßen,
soll das Wundernass uns fließen!«

Josef Benno Sailer
(1866–1933)
Humorist und Schriftsteller

Das Bier

Das Bier ist meine Busenfreundin,
es liegt mir sehr am Herz.
Ein Bier wird niemals eifersüchtig,
wenn ich mit Damen scherz.
Ein Bier kannst du mit Freunden teilen,
ein Bier schmeckt jederzeit.
Wenn deine Gattin dir nicht schmeckt,
gibt's meistens argen Streit.
Ein Bier brauchst du nicht einzuladen,
es steht frisch auf den Tischen,
ist jederzeit für dich bereit
und redet nie dazwischen.
Selbst wenn du dich vorbeibenimmst,
das Bier wird nicht gleich sauer
wie deine Frau. Drum glaub's, ein Bier
ist Freundin dir auf Dauer.

Salve!

War im März gen Judica
wiederum der Frühling nah,
kam, zu Ehren alter Sitten,
der Herr Kurfürst selbst geritten
auf die Neudeck ob der Au
zum Paulaner-Klosterbau.
Dort empfing den Landesvater
Barnabas, der Bräuhaus-Frater,
ihm beglückt und freudeglänzend
einen Humpen Bier kredenzend
mit dem Gruß, der bis zur Stunde
sich erhielt im Volkesmunde:
»Salve, pater patriae!
Bibas, princeps optime!«

Barnabas Still
(1750–1797)
Erfinder des »Salvators«

Sinngemäße
Übersetzung der
lateinischen Verse:
»Sei gegrüßt, Landesvater!
Trink, edler Fürst!«

Der Student

Ich hab den ganzen Vormittag
in einem fort studiert,
drum sei nun auch der Nachmittag
dem Bierstoff dediziert.
Ich geh nicht eh'r vom Platze heim
als bis die Wächter zwölfe schrein.

Studentenlied

Prosten statt kosen

(beim Märzenbier aufzusagen)

Hockt euch nieder aufs Gesäß,
packt das volle Steingefäß,
führt zum Mund den Wonnebecher,
diesen echten Sorgenbrecher.
Wenn Gott Amor wieder kost,
weil's doch Frühling ist, ruft:
Prost!

Genieß es!

Keiner weiß so recht zu sagen,
ob es schadet oder frommt.
Wird ein Bier dir aufgetragen,
so genieß es, wenn es kommt.

Das Wirtshaus »Zum grünen Baum«

Unter einem grünen Baum
sitzen viele Gäste
und in seines Schattens Raum
ruhen sie aufs Beste.
Wer gern rastet, Jung und Alt,
liebt dort einzukehren;
Trank und Speise, warm und kalt,
stillen das Begehren.
Von dem allerbesten Bier
zapft man aus der Rinde;
sagt, wo findet ihr wie hier
solche Wundertinte?
Die Dryade bietet euch
freundliches Willkommen
und als Wirtin kommt sie gleich,
wenn ihr Platz genommen.
Holde Wirtin, schenk uns ein,
reich uns von dem Besten,
sprich ein süßes Wörtelein
zu den durst'gen Gästen!

Franz von Pocci
(1807–1876)
Münchner Schriftsteller,
Zeichner und Komponist

Hymne an den Bock

Sei mir gegrüßt, du Held im Schaumgelock,
streitbarer Männer Sieger, edler Bock!
Nicht graues Zwielicht dampfdurchwölkter
Schenken,
den Mittag liebst du und der Gärten Frische.
Hier finden sich auf brüderlichen Bänken
hoch und gering in traulichem Gemische.
Den Knechten nah, die seine Pferde lenken,
der Staatenlenker vom Ministertische;
Pedell, Professor, Famulus, Student –
du spülst hinweg die Schranke, die sie trennt.
Es wird von jenem Trevi-Quell berichtet,
daraus man ewiges Heimweh trinkt nach Rom,
Sehnsucht, die unermüdlich denkt und dichtet,
noch einmal nur zu schau'n St. Peters Dom.
So hat auf München nie ein Herz verzichtet,
das je hinabgetaucht in deinen Strom.
So schnelle Wurzeln hier geschlagen hätt ich
nie ohne dich und deinen Freund, den Rettich.

Paul Heyse
(1830–1914)
Schriftsteller und wichtiges
Mitglied des Münchner
Dichterkreises

An die Bierzapfler

Neptunisches Geschlecht, bierzapflerische Brüder,
ach, legt doch dermaleinst die Wasserspritzen nieder!
Geht mit dem hellen Bier nicht so erbärmlich um,
man wird ja ohnedem vom guten nicht zu dumm!

Matthias Etenhueber

Auf geht's, Bub'n!

Auf geht's, Bub'n, heut wird »gesoffen«,
und der Himmel steht uns offen.
Dass die Erde rund und bunt,
gehn wir heute auf den Grund.
Wenn über uns die Sterne kreisen,
können wir der Welt beweisen,
dass ein echter cooler Mann
auf zwei Beinen stehen kann.
Wer's nicht glauben mag, sei's drum!
Alkohol haut uns nicht um.
Aufrecht, senkrecht stehen wir
und – herunter
mit dem Bier.

Hymne zum 100. Oktoberfest

Lasset uns, ihr edlen Bayern
– Untertanen, Publikum –,
mit gehob'nen Herzen feiern
dieses stolze Säkulum!
Hühner-, Gäns- und Heringsbrater,
heute seid ihr centenar!
Dank so manchem Landesvater,
der euch mild gewogen war.
Stier- und Sau- und Ochsentreiber,
heute fühlt euch vaterländ'sch!
Brezelfrauen, Radiweiber,
jedes alte Kuchelmensch!
Schweige jeder Widersacher!
Dann noch blühet sie uns frisch:
Treue für die Wittelsbacher,
Wiesenmaß und Steckerlfisch!
Nein, noch ist es keine Lüge,
dass man treu und bieder denkt,
hebet hoch die Literkrüge
– mit drei Quarteln eingeschenkt!

Ludwig Thoma
(1867–1921)
Berühmter bayerischer
Mundartdichter und Satiriker,
Mitarbeiter des Simplicissimus

Gambrinus oder der alte Horaz in neuer Verdeutschung

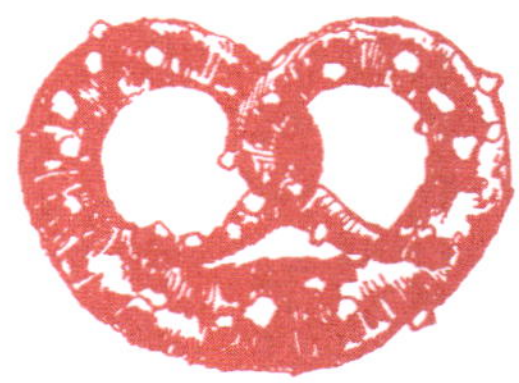

*Gambrinus selber sah ich am Nockherberg
Kneiplieder lehren (Glaub es, ungläubig Volk!)
vor saubrer Münchner Kellermadeln
und der Studenten gespitzten Ohren.
Rum plum! Noch bebt der Leib mir vom Biergenuss
und aus mir redet stürmisch der Gerstensaft –
rum plum! Oh, schone mein, Gambrinus,
Gott mit dem schrecklichen Tier im Wappen!
Die Radiweiber lasst mich besingen laut,
das Hofbräuhaus, die Brezel mit Salz beschneit,
das Bockbier, das aus Steinzylindern
ölig wie Honig den Schlund hinabläuft!
Besingen auch die wartende Ehefrau,
die eingeworfenen Fenster des Mannes,
der dem Morgenschoppen Feind gewesen
und die bierfeindlichen Philosophen!
Du zähmst, Gambrinus, selbst ein Barbarenherz:
In eines Theologen Gewand charmierst
mit hübscher Kellnerin Gelock du,
ziehst ihr die Schleife des Schürzenbands auf.
In eines Mediziners Gestalt einmal
hast du den Haufen drängender Gläubiger
mit Maßkrugsalven aus dem Tempel
deines olympischen Reichs getrieben.
Obschon man dich für stärker im Rundgesang
und Renommieren als in dem Faustkampf hält,
so zeigst du doch, gereizt, so wild dich,
wie du gemütlich dich gibst im Frieden.
Der Nachtpolyp mit goldenem Tutehorn –
ein Auge drückt er schmunzelnd, der Brave, zu,
sieht Arm in Arm er deine Söhne
johlend durch nächtliche Gassen traben.*

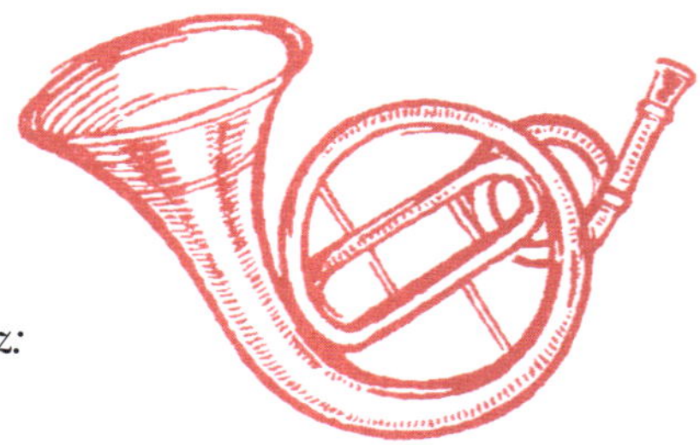

*Christian Morgenstern
(1871–1914)
Schriftsteller, Verlagslektor
und Verfasser kabarettistischer
Texte*

Heiliger Gambrinus:
Schutzpatron der Brauer
Nockherberg:
Berühmte Münchner Bierschenke

Zum Bierfest

Die Liebe und der Suff,
die regen die Menschen uff.
Ist Liebe nicht mehr drin,
gibt man dem Suff sich hin.
Dem Sufffreund geht es gut.
Ihr haltet eure Schnut,
auch wenn er euch jetzt stinkt,
ich rede und ruf: Trinkt!

Die Metzger

Fröhlich, frisch und wacker
sind die Fleischhacker.
Sie schlachten Vieh, schwarz, rot und weiß
und trinken Bier mit allem Fleiß.

Aus dem 17. Jahrhundert

Volksfesttreiben

Nach Ringelspiel und Watschenmann
und Hightech-Karussell,
was fehlt dann noch, was steht gleich an?
Kommt, sagt's mir auf der Stell!
Biertisch und Bank, um auszuruhn
und fröhlich einen zischen,
nur faul sein, wirklich gar nichts tun,
nun – redet nicht dazwischen:
Wir heben Krüge, das ist wahr,
doch Arbeit dies zu nennen?
Es ist Gewohnheit, Jahr für Jahr,
wenn Volksfest ist, das ist doch klar,
zum Bierausschank zu rennen
und danach? Stemmen! Stemmen!

Stammtischler

Die alte Garde sitzt wieder beisammen.
Wie oft sie hier schon zusammenkamen,
das ist nicht so wichtig und tut nichts zur Sach;
doch jeder ist Meister in seinem Fach
als Maßkrugstemmer und Bierglashalter.
An allen vier Ecken ein greiser Alter,
die Rechte am Henkel, die Linke am Ohr,
so brüll'n sie sich alte Geschichten vor,
wie's früher mal war zu ihrer Zeit
mit Preußen und Bayern und anderen Leut.
Doch heut ist das schlimmer,
das muss jeder sehn.
Aber irgendwo, irgendwie
– immer noch schön!

Vorm Bierkeller

Kann's was Schön'res geben
als das Kellerleben
bei des Sommers Glanz und Pracht?
Unter schatt'gen Bäumen,
da ist gut zu säumen,
sei's bei Tage oder Nacht.
Wo viel durst'ge Seelen
weilen, darf's nicht fehlen
an Musik, denn das steht fest,
dass die Stunden schneller
schwinden auf dem Keller,
wenn Musik sich hören lässt.
Kann's was Schön'res geben
als das Kellerleben
bei des Sommers Glanz und Pracht?
Freilich, wenn es regnet,
was auch oft begegnet,
dann ist's aus; dann gute Nacht!

Karl Placht
(1856–?)
Feuilletonist und Übersetzer

Krause Gedanken

Wär ich ein Spaltbazill,
müsste ich wimmeln viel
in Mensch und Tier.
Aber als Mensch allhie
lass ich mich abwimmeln nie,
sitze bis nachts um vier
fest hier beim Bier.

Nach R. Schultz
(19. Jahrhundert)

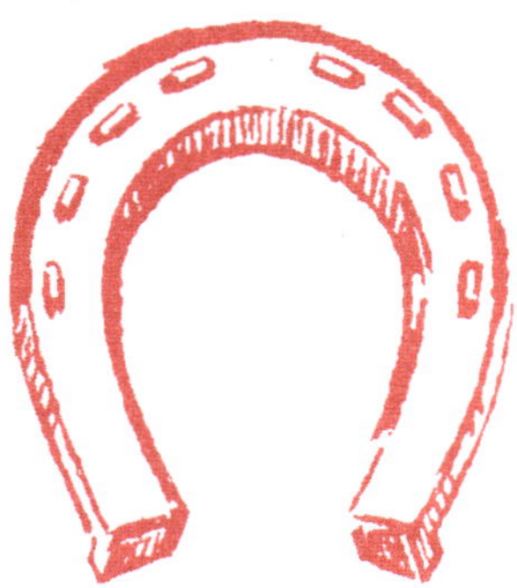

Nostalgisch

Im vollen Bräuhaus, da ist ein Summen,
wenn dumpf die Kühlaggregate brummen.
Meist wird's übertönt von der Blasmusik,
die spielt Hits und Märsche und noch ein Stück,
den Schmachtfetzen aus dem vergangenen Jahr.
Dem älteren Kunden wird es da klar:
Diese Stimmung – halb Frohsinn, halb Melancholie! –,
und die Schwemme schwimmt wieder in Nostalgie.

Kunde: Kerl, Landstreicher

Zum Abschied

Wir haben im fröhlichen Kreise geplauscht,
wir haben den Rhythmen der Musik gelauscht;
die Stimmung war gut, der Tag war erlabend.
Es wurde ein »maßvoller« Feierabend.
Prost!

Pünktlich

So pünktlich zur Sekunde
trifft keine Uhr wohl ein,
als ich zur Abendstunde
beim edlen Gerstenwein.
Da trink ich lang und passe
nicht auf ein Zifferblatt;
ich hör's am leeren Fasse,
wie viel's geschlagen hat.
Geh nachts ich vom Gelage
mit frohem Sang nach Haus,
so kenn ich ohne Frage
mich in der Zeit noch aus.
Man kennt's an meinem Gange,
am Gange krumm und grad,
man kennt es am Gesange,
wie viel's geschlagen hat.

Otto von Reichert
(19. Jahrhundert)

Maß für Maß

Mit göttlichem Behagen
schlürft es in euren Magen,
das edelbraune Bier,
denn dafür sind wir hier.
Ein Heiltrunk ist und Labe
die echte Gottesgabe,
sei drum kein Zeitverdröser.
Ein echter Sorgenlöser
will heut getrunken sein.
He, Wirt! Schenk noch mal ein!

In der Trinkerhalle

Warum sollt im Leben
ich nach Bier nicht streben,
warum sollt ich denn nicht
manchmal fröhlich sein?
Meines Lebens Kürze
allerbeste Würze
ist der Gerstensaft
doch ganz allein.
Wenn mich Kummer drücket
und das Schicksal tücket,
wenn mich Amor fliehet
und kein Mädchen liebt:
In der Trinkerhalle
bei dem Bierpokale
bleibt mein Herz
doch ewig ungetrübt.

Aus dem 19. Jahrhundert

Kumm, geh weiter!

Früher ist's Bier
so stark gewest,
da klebte die Hos
an der Holzbank fest,
hatt arglos man's verschüttet.
Das ist lang, lang her.
Heut saufen und raufen
die Burschen kaum mehr.
Früh'r hat der Rettich
fast gar nix nicht kost't,
da war all's besser.
Kumm, geh weiter!
Sag: Prost!

Das erwachte Bewusstsein

Bei einer Pfeif Tabak
und einem Glase Bier
politisieren wir
und glücklich ist fürwahr der Staat,
der solche Bürger hat!
Dann stoßen wir auch an
und uns're Polizei
sitzt fröhlich mit dabei
und glücklich ist fürwahr der Staat,
der solche Bürger hat!

Nach August Heinrich
Hoffmann von Fallersleben
(1798–1874)
Schriftsteller und Dichter
des Deutschlandliedes

Lob der Kneipe

Immer und immerdar,
wo ich auch bin,
steht nach der Kneipe
mein durstiger Sinn,
geht nach der Kneipe
mein sehnender Blick
immer und ewig
zur Kneipe zurück.
Rings um die Tafel her,
frohen Vereins,
sitzen die Freunde
und singen mir eins.
Freunde, die Kneipe,
das singe ich fort,
ist hier auf Erden
der herrlichste Ort.

Aus dem 19. Jahrhundert

Tafellied

Mich ergreift, ich weiß nicht wie,
himmlisches Behagen.
Will's mich etwa gar hinauf
zu den Sternen tragen?
Doch ich bleibe lieber hier,
kann ich redlich sagen,
beim Gesang und Glase Bier
auf den Tisch zu schlagen!
Wundert euch, ihr Freunde, nicht
wie ich mich gebärde;
wirklich ist es allerliebst
auf der lieben Erde.
Darum schwör ich feierlich
und ohn alle Fährde,
dass ich mich nicht freventlich
wegbegeben werde.

Da wir aber allzumal
so beisammen weilen,
dächt ich, klänge der Pokal
zu des Dichters Zeilen.
Gute Freunde ziehen fort
wohl einhundert Meilen,
darum soll man hier am Ort
anzustoßen eilen.
Wie wir nun beisammen sind,
sind zusammen viele.
Wohl gelingen dann, wie uns,
andern ihre Spiele.
Von der Quelle bis ans Meer
mahlet manche Mühle
und das Wohl der ganzen Welt
ist's, worauf ich ziele.

Johann Wolfgang von Goethe
(1749–1832)

Wenn ich das Bier könnt meiden,
ging ich in Samt und Seiden.
Da ich's aber nicht meiden kann,
hab ich zerrissene Kleider an.

Gott gebe, Gott grüße!
Blondes Bier schmeckt süße.
Versaufe ich auch meine Schuh,
behalt ich doch die Füße.

Wir sind nicht allein,
wir harren hier
und wir wollen kein'n Wein,
wir wollen ein Bier.

Die Unermüdlichen

Die Gäste:
Alldieweil und sintemalen
unser Bier wir selber zahlen,
wird jetzt erst die ganze Nacht
mit dem Kneipen fortgemacht.

Der Wirt:
Sintemal und alldieweil
spätes Kneipen ist ein Gräul,
wird ein Stund nach Mitternacht
dieses Wirtshaus zugemacht.

Überlieferung aus Bamberg

Rundadinella

Holla, gut G'sell, ich will dir sagen:
Ein schwerer Kasus hebt sich an.
Dies Gläslein, wie mirs ist gemacht,
sei dir auf einen Trunk gebracht.
Rüttle, schüttle, trink hinein
das Bierelein,
leere das Gläselein, rundadinella!
Der Kasus ist mir eben schwer,
doch gib das Gläslein immer her!
Ich will ja kommen von der Sach,
ob mir schon wird das Köpfchen schwach.
Rüttle, schüttle, trink hinein
das Bierelein,
leere das Gläselein, rundadinella!
Ich hab den Kasum dezidiert
legitime, wie sich's gebührt.
Mein Brüderchen, du musst auch dran,
drum greif das Gläslein hurtig an.
Rüttle, schüttle, trink hinein
das Bierelein,
leere das Gläselein, rundadinella!

Johann Hermann Schein
(1586–1630)
Thomaskantor in Leipzig

Kasum dezidiert legitime:
Den Fall gesetzlich entschieden

Blauer Montag

Am Montag, am Montag,
da schlaf ich bis um viere,
dann kommt mein lust'ger Spießgesell,
da gehen wir zum Biere.

Volksgut

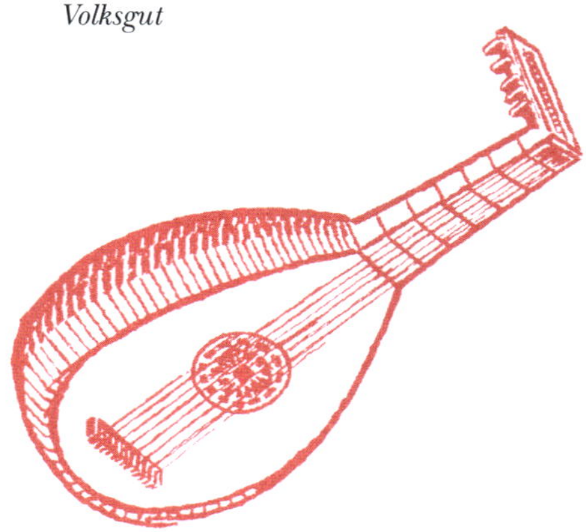

Freund Ole

Freund Ole ist bekannt
als Straßenmusikant.
Und wenn ich Ole seh,
dann ruft er laut: »Olé!«
»Freund Ole«, sage ich,
»du freust dich sicherlich:
ich lad dich ein zum Tee.«
Doch Ole meint: »O weh!«
Ich seh an sein'm Gesicht,
den Tee, den mag er nicht.
Drum sag ich: »Komm zu mir,
ich lad dich ein zum Bier.«
Da schreit der Ole: »Hier!
Hier! Hier! Hier!
Her mit dem Bier!«

Nicht nur am schönen Rhein

Wo die Mosel in den Rhein
plätschert: Ja, wie kann das sein,
ist das wahr? Da leben Kerle,
lustiger als Petra Perle,
die 'nen Stiefel gut vertragen.
Bier und Wein, ist das zu sagen?
Alles passt in ihren Bauch,
der ist dementsprechend auch,
macht sie voller Fröhlichkeit
und berüchtigt weit und breit.
Auch bei uns gibt's solche Kerle,
ihre Frau'n – jede 'ne Perle –
auf mein Wort! – die sehn's mit Ruh.
Warum trinken immerzu
Mann und Frau gleich im Verein?
Das muss sein! Ja, das muss sein.
Also wollen wir nun eben
uns're Humpen auch erheben.
Tun wir es den Männern gleich,
die verstreut im ganzen Reich,
an der Mosel und am Rhein
trinken, saufen, bis sie spei'n.
Ja, muss das sein? Ja, muss das sein?
Selbstverständlich. Alle Mann!
Stoßen wir die Krüge an:
Hinein!

Wein und Bockbier

Fürwahr, mein Liebchen ist der Wein,
er blinkt so heiter und so fein,
er macht ein fröhlich leichtes Blut.
Ja, ja, der Wein gefällt mir gut.
Doch nein! Er liebt den Rettich nicht
und macht der Wurst ein krumm Gesicht,
und vom Tabak den lieben Rauch
– wahrhaftig – den verschmäht er auch.
Drum hört, was der Professor spricht:
Den Wein mit fröhlichem Gesicht
trinkt man das ganze Jahr in Ruh
und trinkt im Mai – den Bock dazu!

Nach Franz von Kobell
(1803–1882)
Münchner Mineraloge
und Schriftsteller

Wunsch

Ich wünsch euch 'nen Biersee
so groß wie der Schliersee.
Dann könnten wir saufen
und müssten uns kaufen
kein Bier zu der Feier,
denn dies ist sehr teuer.
Und wir wären im Nu
völlig breit und auch zu.
Aber trotzdem: Wir haben
genug, uns zu laben.
Drum dürfen wir munter
es schlucken und bunter
wird gleich unser Leben.
Es wird auch nicht geben
'nen Kater am Morgen
und andere Sorgen.
Ich wünsch euch 'nen Biersee
von München bis Schliersee
und sprudelnde Laune.
Nicht Streit auf dem Zaune,
sondern Geld, so viel Gulden
wie der Staat hat Schulden,
dass ihr nimmer euch plagt
und 'nen Stiebel vertragt.
Prost!

Schenk mir den Gerstensaft,
schenke mir ein.
Durst ist so grauenhaft,
trinken ist fein.

Volkstümlich

Trinkwettbewerb

Wenn Zecher einen Rausch sich trinken,
sie gar am Schluss zu Boden sinken.
Beim Wein kann so was öfters sein;
doch sinken sie nicht ganz allein.
Ein Wettbewerb ganz ohne Frag,
bringt erst die Wahrheit an den Tag:
Wer ist der Sieger des Turnieres?
Die Freunde des frisch gezapften Bieres!

Wenn's im Biergarten regnet

Es regnet ohne Unterlass
den frohen Zechern in das Glas,
drum gehen wir nach Haus.
Doch vorher saufen wir aus.
Prost!

Zünftig gefeiert

Heute wollen wir richtig feiern
und es juckt uns in den
eignen Fingern, statt zu schwitzen,
hier im Wirtshaus kühl zu sitzen.
Mutter wird schon nach uns schielen.
Soll sie sich doch selber
sputen, um uns im Gewölbe
zu besuchen. Nicht dasselbe
wär's, wie Mafiafiguren
fröhlich hier herumzu-
sitzen und in guter Ruh
schönen Mädchen schauen zu.
Hax'n wollen wir verdrücken
und die Mädel wollen wir
froh begrüßen hier im Kreis,
damit es ein jeder weiß.
Komm herbei, du schlankes Mädel!
Und den Krug kriegt auf den
schön geschrubbten Schanktisch hier,
wer mit uns trinkt gern sein Bier.
Ex und hopp!

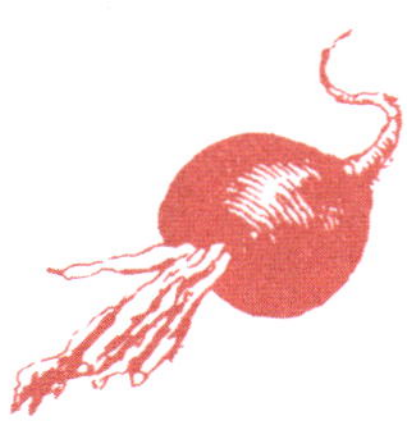

Bocklied

Wenn's Mailüfterl weht,
geht der Bockkeller auf,
da heben die Bräuknecht
die Fässer hinauf
und Studenten, die
kneipt habn im Hofbräuhaus drin,
die werden wieder munter,
zum Bock ziehn sie hin.
Und blühn mal die Radi,
das Herz dann frohlockt,
denn die Radizeit ist
ja die Zeit für den Bock.
Doch die Radi tun blühen
so frisch alle Jahr,
aber Kredit hast nur einmal
und nachher ist's gar!
A Bier kriegst's ganze Jahr
bei de Wirt und de Bräu,
der Bock aber hat nur
einen einzigen Mai
und hast du sechs Maßerl,
so wird der Kopf schwer,
das Geld ist beim Teufel
und kommt nie wieder her!

Parodie aus dem 19. Jahrhundert

Das gute Bierjahr

Das Jahr ist gut,
das Bier ist geraten,
drum wünsch ich mir nichts
als dreitausend Dukaten,
damit ich kann schütten
braun Bier in mein Loch,
denn je mehr ich davon trinke,
umso besser schmeckt's doch.
Seh ich ein braun Bier,
o welch ein Vergnügen,
da tu ich vor Freude
die Mütze abziegen,
betracht die Gewächse,
o große Allmacht,
die aus einem Traurigen
einen Lustigen macht!

Aus dem 19. Jahrhundert

No a Maß!

No a Maß und no a Maß,
denn einmal beißen wir ins Gras,
heute oder morgen.
Drum vergiss die Sorgen
bei no a Maß und no a Maß!
Trinken ohne Unterlass
macht uns auf der Stell
munter und fidel.
Drum stoßen wir jetzt an.
Wer ko, der ko.
(Wer kann, der kann!)
Wir können was vertragen,
mehr hab ich nicht zu sagen
als: Prost allerseits!

Befreit mich von dem Gedanken,
ein Gedanke, der mich quält:
Ein Bier, das nicht getrunken wird,
hat seinen Beruf verfehlt!

Versteckte Bitte

Am Abend kam ich müd nach Haus
und streckte meine Füße aus,
da trat ein Mann an meine Tür
und sagte »Guten Tag« zu mir.
Es war ein Herr aus Hindukusch
mit einem grünen Palmenbusch;
den Palmbusch hält man dort im Land
zum Tag der Palme in der Hand
und tritt man an des Nachbars Tür
bekommt man meist ein Bier dafür,
dass man den Festtag nie vergisst,
weil so was manchmal möglich ist.
Drum kommt zu dir mit Palmenbusch
ein Mensch aus Hinter-Hindukusch,
dann sage »Guten Tag« zum Gruß
und gib ihm dann ein Bier zum Schluss.

Bier her!

Mach dir keine Sorgen mehr.
Ist das Leben noch so schwer,
wird dein Dasein wieder leicht,
hast das Wirtshaus du erreicht.
Hier ist's warm und hier ist's gut,
darum hab nur wieder Mut.
Allen Freunden hier am Tresen
sag ich, so ist's stets gewesen.
Haltet euch an Schnaps und Bier.
Davon gibt's genügend hier.
Schimpft nicht auf den Alkohol.
Zum Wohl!

*

Ist auch das Wetter heut nicht gut:
Wir donnern hundertmal Salut!

Eva Rechlin
(geb. 1928)

Kein Bier auf Hawaii?

Es gibt kein Bier auf Hawaii?
Die Zeit ist vorbei,
auch dort kannste heute saufen.
Doch warum nach Bier so weit laufen?
Das wär doch ein Fluch!
Wir haben genug
hier bei uns, hier bei uns zum Saufen!
Drum geh mir mit Hawaii.
Ich sag frank und frei,
Hawaii kann gestohlen mir bleiben.
Auch hier bei uns gibt es Bier
und so saufen wir
und wollen's gar fröhlich treiben.
Kerls, gebt euch 'nen Ruck!
Und dann Schluck auf Schluck
rinnt das Bier uns die Kehle herunter.
Wir trinken noch eins
(ob du 'n Weib hast oder keins!)
und feiern fröhlich und munter.
Auf geht's!

Wenn das Bier fließt

Wenn wir feiern, dann richtig
verlässlich und gut.
Eine eingeschworene
Höllenbrut,
die sind wir, die bleib'n wir,
die werden wir sein.
Wir saufen! Doch trinken
wir niemals allein.
Beim Feiern fließt Bier,
so groß wie ein See;
bei der Arbeit gibt's wieder
– Kamillentee.

Beim Zuprosten

Hier hat der Sommer sein eigenes Flair,
drum kommt man aus Nord' und von Süden hierher.
Es herrscht Harmonie an allen Tischen,
auch Dackel Waldi wird etwas erwischen.
Wo Bayern und Preußen auf du und du,
hocken alle zusammen – und prosten sich zu!

G'standne Mannsbilder

Ein Bauch vom hellen Bier?
Dass ich mich nicht genier
deswegen, seht ihr hier.
Wir haben uns gefunden
und wuchern mit den Pfunden,
das macht uns viel Pläsier.
Und mag der Blutdruck steigen,
wir lassen nicht verleiden
uns den Genuss von Bier.
Nicht den Genuss des Biers:
Cheers!

Trost

Bier ist eine Gottesgabe,
wenn ich nur genügend habe,
geht's mir wohl und geht's mir gut.
Darum hab ich guten Mut.
Dass die Gabe nicht verdirbt
und daran kein Mensch nicht stirbt,
kippen wir ganz frisch und munter
diese Gottesgabe runter.
Hoch den Maßkrug! Uns zum Trost:
Prost!

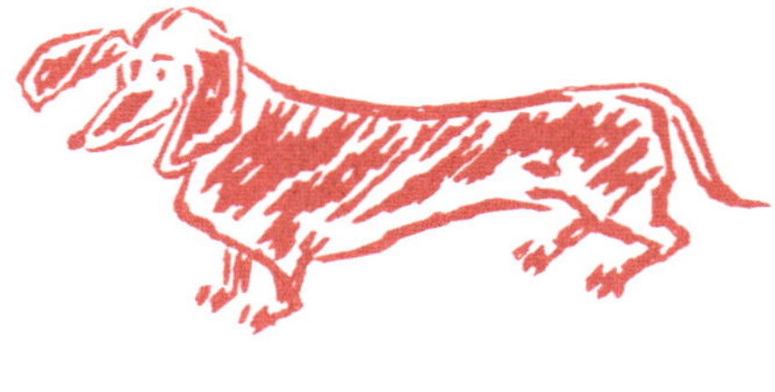

Wenn die Bienen schwärmen

Unter blühenden Kastanien
wollt die Gräfin von Oranien
einen Humpen Bier entleeren.
Sich der Bienen zu erwehren,
machte ihr jedoch Verdruss.
Und so kam sie zu dem Schluss:
Wenn Kastanienbäume blühen,
soll man Biergärten entfliehn,
wenn dort Honigbienen schwirren,
denn ein Bienchen kann sich irren,
fragt auch nicht nach Rang und Stand,
sticht, ist's außer Rand und Band,
unbeherrscht blindwütend zu,
ganz egal, ob ich, ob du,
ob Durchlaucht man oder Hoheit.
Bienen sind von großer Rohheit.
Wenn Kastanienbäume blühen,
muss den Bienen man entfliehen,
und weil sie uns ehrlich stinken,
wollen wir unser Bier austrinken
und vielleicht – ist dies geschehen –
lieber in die Wirtschaft gehen.
Prost!

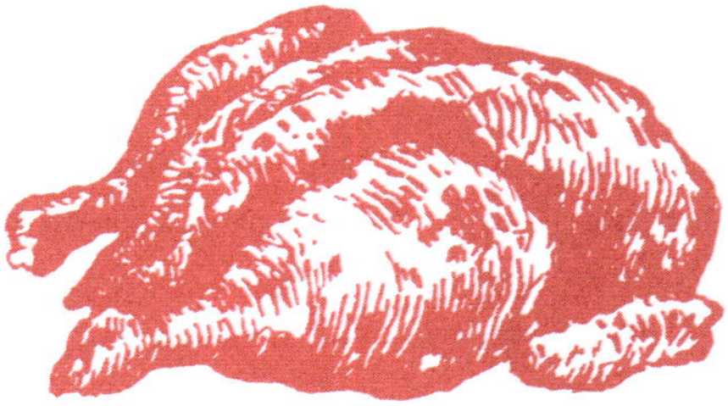

Nichts geht über Bier und Braten

In China tun sie Grillen grillen,
dass kross die Schwarte knackt,
ich sage mir: um Himmels willen,
das hätt ich nie gepackt!
Ein Grillendinner oder Schlangen,
Eidechsen, junge Hunde,
da wüsst ich nix mit anzufangen,
da ginge ich zugrunde.
Drum lob ich mir den Schweinebraten,
der duftet, tut nicht stinken,
dazu ein Bier, lass es dir raten.
He, Brüder! Lasst uns trinken!

Tresensprüche

Bereits Fürst von Bismarck (1815–1898), der Gründer des Deutschen Reiches im Jahre 1871, empörte sich vor dem versammelten Reichstag in Berlin: »Es wird bei uns Deutschen mit wenig so viel Zeit totgeschlagen wie mit Biertrinken.« Wir erlauben uns hinzuzufügen: »Es wird nirgends so viel Blödsinn geredet wie am Biertresen.«
Die Anzahl möglicher Themen ist dabei ziemlich eingeschränkt, denn die Verteidigung des Alkoholismus ist und bleibt Thema Nummer eins. Allerdings gilt für den Toast, den man an der Theke ausspricht: In der Kürze liegt die (Stamm-)Würze. Dabei sind einige Sprüche, die Volkes Mund schöpft, nicht ganz jugendfrei.

Wie schön ist es hienieden,
wenn Freunde treu gesinnt
in Fröhlichkeit und Frieden
beim Bier zusammen sind.

Hoch lebe die Liebe,
hoch lebe das Bier!
Was gibt es noch Schön'res
auf Erden hier?

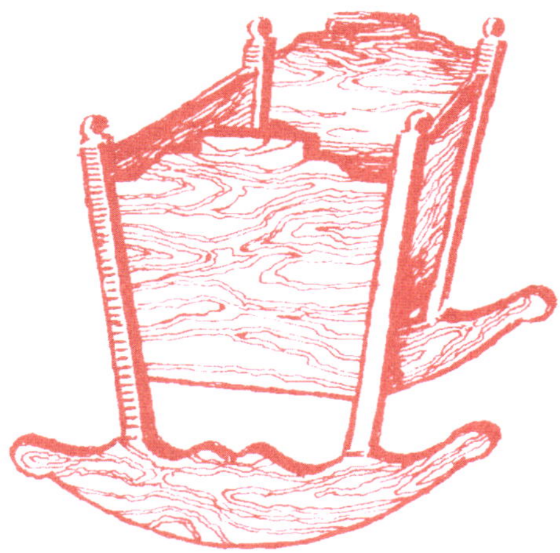

Dankgebet

Das Wasser gibt
dem Ochsen Kraft,
dem Menschen Bier
und Rebensaft.
Drum danke Gott
als Mensch und Christ,
dass du kein Ochs
geworden bist.

Das Trinken lernt der Mensch zuerst,
als Zweites dann das Essen;
drum wollen wir
beim blonden Bier
das Trinken nicht vergessen.

Was die Eulen für Athen,
ist für uns
das Bier von Prehn!
Prehn ist der Name des Gastwirts

Lieber ein runder (Bier-)Bauch
als ein langes Gesicht.

Zwischen Leber und Milz
passt immer noch
ein Pils.
Prost!

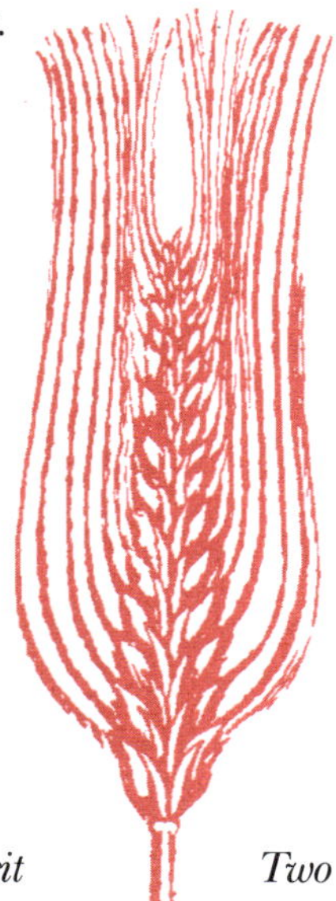

Ein kühles Helles
ist stets was Reelles.

Märzenbier
gibt Kraft wie'n Stier!

Ein Fass Bier
ist mir viel lieber
als ein Kuss
von dir.

Gerstensaft
gibt Liebeskraft.

Ich gehe meilenweit
für ein Bier.

Two beer or not two beer –
das ist hier die Frage.

Wenn ich deinen Hals
berühre,
deinen Mund an
meinen führe,
ach, wie sehn ich
mich nach dir,
heiß geliebtes
Flascherl Bier!

Hört her, ihr Mordshalunken,
das Bier gehört getrunken.
Bier formte diesen schönen Bauch.
Kommt sauft – und du mich auch!

Freibier

Ein freies Leben führen wir
und hoch zufrieden danken wir
dem Spender für das Freibier.
Auf sein Wohl!
Wer will noch mal,
wer hat noch nicht?
Der ganze Saal im Chore spricht:
»Wir trinken, wenn's nix kost't.«
Prost!

Fressen, bis die Schwarte kracht,
Maßkrug stemmen jede Nacht,
zentnerschwere Fässer heben,
das ist des Bierfahrers Leben.
Kerle, steht auf.
Männer, erhebt euch!
Saufen im Sitzen
ist wie Bier ohne Alkohol.
Prost!

Spontispruch

Gebet

Müde bin ich, geh zur Ruh,
decke meinen Bierwanst zu.
Herrgott, lass den Kater mein
morgen nicht so grausam sein.

Parodie

He, Kollegen, glaubt es mir,
was uns schmeckt wie Manna schier,
was am besten mundet mir,
ist ein hübsches kühles Bier!

Brot der Bayern

Das Brot der Bayern ist das Bier,
das wissen wir, das wisst auch ihr,
drum lasst uns zünftig feiern
mit kühlem Bier aus Bayern!

Wir trinken hier
ein kühles Bier
und pflegen unser
Pilsgeschwür.

Gemeint ist der Bierbauch

Ein Mann
ohne Bierbauch
ist nur zu faul
zum Saufen!

Das Bierzelt heißt Bierzelt,
weil die Zenzi
dort das Bier zählt!

Gebt uns noch mal ein Bier,
denn drum sind wir hier,
und ein zweites Bier,
sonst verdursten wir.

Volkstümlich

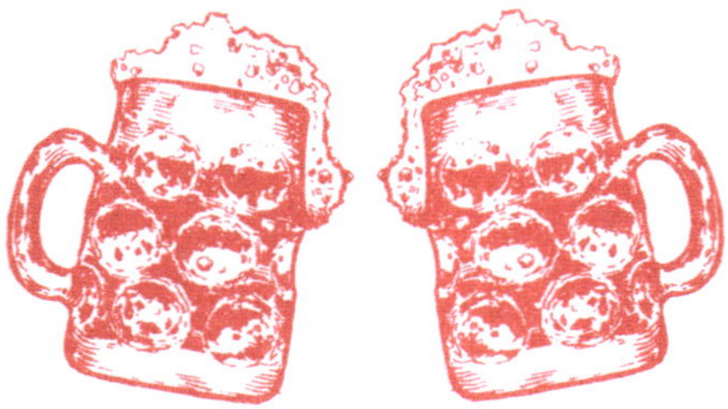

Allen sei's gesagt

Ich ess 'nen Kas
und trink ein Bier
und sag es dir
und sag es mir
und sag es allen
frei und fromm,
dass dir, mir, ihr
das Bier bekomm
und jeder
– in den Himmel komm!

Kein Bier im Himmel

Es gibt kein Bier
im Himmelreich,
drum trinken wir's
auf Erden gleich.

Wandspruch

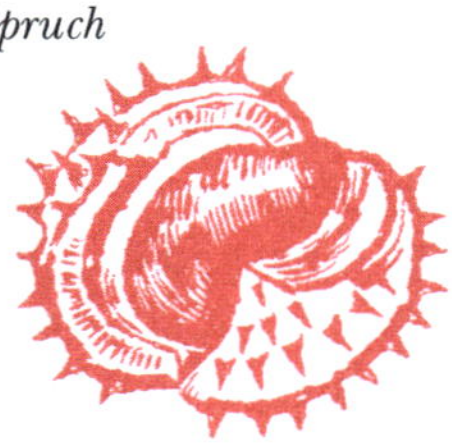

Erhebet eure Humpen,
wir trinken all zusammen.
Und müssen das Geld wir pumpen,
wir lassen uns nicht lumpen:
So jung, meine Herren und Damen,
kommen wir nicht mehr zusammen!

Katzenjammer

Ich weiß nicht recht,
ich weiß nicht recht,
das Bier war so gut
und mir ist so schlecht!

Volkstümlich

Die Liebe, wenn sie neu,
braust wie ein junger Wein;
je mehr sie alt und klar,
je stiller wird sie sein.

Angelus Silesius
eigentlich Johann Scheffler
(1624–1677)
Geistlicher Dichter

Lob der Weiblichkeit

Als der noch heute berühmte Barockdichter Angelus Silesius seine belehrenden Sinnsprüche dichtete, war die große Zeit der hohen Frauenverehrung, wie sie im Mittelalter durch herumziehende Barden und so genannte Minnesänger praktiziert wurde, schon vorbei. Auch heute verdreht kein fahrender Sänger mehr schönen Damen den Kopf, es sei denn, er gehört zu einer Boygroup von männlichen Teenagern, bei deren Auftritten die Mädchen reihenweise in Ohnmacht fallen. In froher Trinkrunde hingegen ist das Lob der holden Weiblichkeit von ernster und seriöser Art.
Bei Festen und Feiern, sei es nun ein Geburtstag, eine Hochzeitsfeier oder ein Betriebsfest, an denen Tisch- und Dankesreden gehalten werden, sollte der Ton dieser Ansprachen eine gute Mischung aus heiter und ernst sein. So genannte Toasts und Tischsprüche zeichnen sich durch einen heiteren Inhalt aus. Ihr Zweck besteht einzig darin, die Stimmung zu lockern und zu heben.
Sicherlich nicht zur Begrüßung, doch gewiss zwischen den Gängen des festlichen Mahls, wenn die Musiker und obligatorischen Festredner pausieren und schweigen und das Personal die Gläser der Gäste nachfüllt, ist die Zeit der Trinksprüche gekommen. Besonders die anwesenden Damen freuen sich über einige galante und charmante Toasts, die über den Festabend verteilt werden und je nach Stimmung vorgebracht und ausgesprochen werden sollten.
Das hier folgende Frauenlob gilt sowohl zur Anregung als auch als Basis für eigene Reime oder Umdichtungen.
Viel Spaß dabei!

Ein Hoch den schönen Frauen

Sagt mal, ist das wahr,
bin ich noch ganz klar?
So viele Damen hier im Kreis
und so viel Schönheit? Ja, ich weiß –
hat die Welt das schon gesehn
unsere Damen, jung und schön,
(sieben) an der Zahl
und ich hab die Qual,
weiß nicht, wer die Schönste ist,
weil hier jede reizvoll ist,
darum kriegen einen Preis
alle Damen hier im Kreis,
denn sie sind so wunderschön.
Hebt das Glas, lasst uns aufstehn
und bewundernd um uns schauen.
Vivat! all den schönen Frauen.
Vivat! Vivat! noch und noch.
Unsere Damen leben hoch!

So stimmt's

Nach Wochen Arbeit, Last und Mühn,
so geht's im Land der Bayern,
da werden zünft'ge Männer kühn
und fangen an zu feiern.
Auch Damen sind bei uns begehrt
zum Mahl, zum guten Tropfen
und sind sie bei uns eingekehrt,
so woll'n wir sie voll stopfen
mit Leckereien und dazu
ein gutes Gläschen Sekt,
das löst die Zungen uns im Nu.
Ich hoff, dass es euch schmeckt.
In froher Runde froh vereint,
was kann es Schöneres geben?
Denn wer dabei sein darf, der meint,
dies ist das wahre Leben
– und das stimmt! Prost!

Wir hauen auf die Pauke – wenn man uns lässt

*Lasst uns auf die Pauke hauen,
aber nie den Frauen trauen,
denn die schönen Mädchen alle
locken Männer in die Falle,
wollen, dass wir häuslich werden,
nie mehr fröhlich sind auf Erden,
sondern streng zu Hause hocken
und die Gattin stopft die Socken.
Welch ein Jammer, welch ein Leben!
Kann es so was wirklich geben?
Ach, in einem Jammertal,
lebt der Ehmann allemal.
Darum lasst uns fröhlich saufen
(solange wir noch dürfen!)
und, wenn Mädchen kommen, laufen,
entgegenlaufen ihnen allen
und tappen in die Venusfallen
tapps, tapps, tapps.
Sorry, Prost!*

*Ich führ mein Glas zum Munde.
Den Damen in der Runde
sag ich: Sie leben hoch!
Ein Vivat allen Schönen,
die uns mit Gunst verwöhnen.
Ein Prosit, noch und noch!*

*Gut Bier und frisch Wein,
eine Musika rein
und ein Jungfräulein.
Da müsste wohl sein
ein Mann wie ein Stein,
der nit lustig wollt sein.*

Alter Thekenspruch

Hoch sollen sie leben

*Jeder weiß, der uns kennt:
Wir trinken auf das Regiment
emanzipierter Frauen.
So können wir uns trauen
erhobenen Hauptes durchs Leben zu gehen
und auf die reisenden Frauen zu sehen.
Ja, glaubt es oder glaubt es nie:
Wir sind doch keine Chauvis!
Ein Gläschen den reizenden Frauen,
sie sollen leben hoch!*

Chauvi: Mann, der sich Frauen überlegen fühlt.

Schwierige Aufgabe

Wer kennt die Geschichte von Paris,
der den Apfel musste verschenken?
Selbst wenn die Geschichte nicht wahr ist,
ich hätte so meine Bedenken,
wenn ich in dieser Runde
der Schönsten den Apfel müsst geben.
Ich brauchte wohl eine Stunde
und ein Dutzend Äpfel eben.
So viel Schönheit in diesem Festsaal,
die ist ja wohl kaum zu ertragen,
darum will ich auch hier beim Festmahl
kein Urteil fällen und wagen.
Ich sage es laut und nicht leise
und sage es noch und noch:
Alle Damen in diesem Kreise
sind schön – und sie leben hoch!

Den Damen in der Runde

Den Damen in der Runde
widme ich Tag und Stunde
und diesen goldenen Wein.
So soll es immer sein.
Den schönen Damen sag ich's nu,
ruf's ihnen mit lauter Stimme zu:
I love you, I love you!
I love you all!
Cheers.

Beim Vortrag könnte die Gebärdensprache eines berühmten amerikanischen Schlagerstars nachgeahmt werden.

Wein und Weiber sind auf Erden
aller Weisen Hochgenuss,
denn sie lassen selig werden,
ohne dass man sterben muss.

Fliegende Blätter (vor 1900)

Luthers Lehre

Herber Wein und Mädchenkuss
und dem Klepper Pegasus
die Krippe voller Futter!
Wer nicht liebt Wein, Weib, Gesang,
der bleibt ein Narr sein Leben lang,
sprach schon Doktor Luther.
Wer nicht liebt, sprach Doktor Luther,
junge Mädchen und den Wein
(und das sagt auch meine Mutter!),
ist nicht wert, ein Mensch zu sein.
Um nun mal ein Mensch zu sein,
liebt die Mädchen und sauft Wein;
darauf trinken wir noch eins!

Verfasser unbekannt

Es ist alles ganz eitel

Es ist alles eitel,
außer nur drei Stück allein:
Hübsche Mädchen,
guter Wein
und ein voller Beutel.
Hab ich die, so bin ich froh
und sprach wie König Salomo:
Es ist alles eitel!

Anmerkung: Der Bibeltext
des Predigers Salomo
beginnt mit der Verszeile
»Es ist alles ganz eitel«.

Die zwei Mächte

Wein und schöne Mädchen
sind zwei Zauberfädchen,
die auch den erfahr'nen
Vogel gern umgarnen.

Nach Friedrich Rückert
(1788–1866)
Deutscher Dichter und Orientalist

Lob der Eintracht

Der Kampf der Geschlechter
ist so alt wie die Welt,
die Frauen sind Rosen,
der Mann ist ein Held.
Die Frauen sind Perlen,
die Kerle sind Säue,
der Kampf der Geschlechter
tobt immer aufs Neue.
Wir hier aber heute,
wir schließen jetzt Frieden
und Eintracht für immer
sei uns dann beschieden.
Wir lieben die Damen,
wir loben die Herren
und trinken gemeinsam.
So haben wir's gern.
Zum Wohl!

Wohlsein

Den Biernymphen sei
unser Dank gebracht,
sie schleppen das Bockbier
bei Tag und bei Nacht.
Wer ihnen aus Jux nur
am Schürzenband zieht,
bekommt eine Tatze,
dass er d' Stern tanzen sieht.
Doch sonst sind sie lieb,
uns're Madel, und wer
recht schön bittet, dem
bringen 'ne Maß sie her
und stöhnen nur manchmal:
»Mei, is die schwer«
und rufen: »Zum Wohl!«

Wo golden schimmert alter Wein
und fröhliche Lieder klingen drein,
wo liebliche Mädchen fallen ein,
da muss für uns Männer der Himmel sein.

Ein süßes Weib,
ein herber Wein
und ein Gewissen
gut und rein:
Was kann im Leben
schöner sein.
Dieses soll mein Wahlspruch sein,
dem ich mich ergeben:
Junge Weiber, alter Wein
und ein freies Leben!

Auf die Mädel

Füllt noch einmal die Gläser voll
und stoßet herrlich an,
dass hoch das Mädel leben soll,
denn es gehört dem Mann.
Haltet sie ehrlich, lieb und wert
und füllt die Gläser voll
und trinkt, auch wenn uns keines hört,
auf aller Mädel Wohl!

Aus dem 19. Jahrhundert

Sie leben hoch!

Reizend sind die holden Frauen
und so lieblich anzuschauen,
sind so stolz und doch so schön,
lassen nie sich einmal gehen.
Gehn zur Arbeit und sind brav
und der Ehmann ist ihr Graf,
der verwöhnt wird, so soll's sein,
mit den besten Leckerei'n.
Staubfrei glänzt das ganze Haus,
wie im Grandhotel sieht's aus,
nobel, sauber und adrett –
so geht's gut gelaunt ins Bett.

Uns're Frauen sind nie müde,
sind verständnisvoll, nicht prüde
und stets voller Herzensgüte.
Wenn wir ausgehn, sie verzeihn's!
Darum sage ich nur eins:
Hoch die Frauen von Sylt bis Bayern,
auch wenn sie nit mit uns feiern,
stoßt mit an, ruft noch und noch:
Uns're Frauen leben hoch!
Hoch! Hoch! Hoch! Und hoch! Nur Mut:
Spülen wir's runter! Sie sind uns so gut.
Hoch sollen sie leben! Dreimal hoch.
Zum Wohl!

Lob des Weines

Die Laute schlagen und die Gläser leeren,
das sind die Dinge, die zusammenpassen.
Ein voller Becher Weins zur rechten Zeit
ist mehr wert als alle Reiche dieser Erde.

Hans Bethge
(geb. 1906)
Amerikanischer Physiker
deutscher Herkunft

In der Trinkpoesie, egal ob Lied oder Trinkspruch, wird der Wein leidenschaftlicher gelobt als das Bier. Das Bier galt, besonders in der Fastenzeit, als flüssige Nahrung. Der edle Wein hingegen war und ist, so man ihn in kleinen Mengen genießt, eine anerkannte Arznei. Der Rotwein etwa soll das Blut flüssig und die Adern älterer Menschen frei von Verkalkung halten. Ein »Gläschen in Ehren« kann uns selbst der Hausarzt nicht verwehren. Das blumige Getränk schadet uns dann, wenn wir es unmäßig genießen. Diese Sprüche und Lieder sind freilich dem fröhlichen und dabei verhaltenen Zecher gewidmet, nicht dem maßlosen Säufer – und sei er der sprichwörtliche »Maharadscha des Whisky pur«. Der disziplinierte und zufriedene Genießer sucht das gesellige Beisammensein. Ihm oder ihr wird mit Sicherheit der passende Spruch geboten. Diese Verse sollen in froher und festlicher Stunde zitiert werden, kennen und schätzen die Menschen den Wein doch bereits seit der Antike. Angeblich soll die Kultur der Reben bis auf Noah zurückgehen. Er war es, wenn man der Legende Glauben schenkt, der nach dem Ende der Sintflut den ersten Weingarten anlegte und die edlen Rebstöcke pflanzte. Und sollte es nicht ganz die Wahrheit sein: Den goldenen Wein und seine berauschende Wirkung lobten schon die trunkenen Dichter in grauer Vorzeit. »Im Wein liegt Wahrheit!«, wusste der griechische Lyriker Alkaios bereits um 600 v. Chr. Die Römer wollten sich dieser Erkenntnis mit ihrem »In vino veritas« nicht verschließen. Hätten wir harmlosen Freunde des Weines deshalb einen Grund, den köstlichen Trunk nicht zu loben?

Historie von Noah

Als Noah aus dem Kasten war,
da trat zu ihm der Herre dar,
der roch des Noä Opfer fein
und sprach: Ich will dir gnädig sein
und weil du ein so frommes Haus,
so bitt dir eine Gnade aus.
Der Noah sprach: Ach lieber Herr,
das Wasser schmeckt mir gar nit sehr,
dieweil darin ersäufet sind
all sündhaft Vieh und Menschenkind,
drum möcht ich armer alter Mann
ein anderweit Getränke han.
Da griff der Herr ins Paradies
und gab ihm einen Weinstock süß
und gab ihm guten Rat und Lehr
und sprach: Den sollst du pflegen sehr!
Und wies ihm alles so und so,
der Noah war ohnmaßen froh
und rief zusammen Weib und Kind,
dazu sein ganzes Hausgesind,
pflanzt Weinberg rings um sich herum;
der Noah war fürwahr nicht dumm,
baut Keller dann und presst den Wein
und füllt ihn gar in Fässer ein.
Der Noah war ein frommer Mann,
stach ein Fass nach dem andern an
und trank es aus zu Gottes Ehr,
das macht ihm eben kein Beschwer.
Er trank, nachdem die Sündflut war,
dreihundert noch und fünfzig Jahr.

Nützliche Lehre:
Ein kluger Mann hieraus ersicht,
dass Weins Genuss ihm schadet nicht
und item, dass ein guter Christ
in Wein niemalen Wasser gießt,
dieweil darin ersoffen sind
all sündhaft Vieh und Menschenkind.

August Kopisch
(1799–1853)
Deutscher Maler und
Schriftsteller

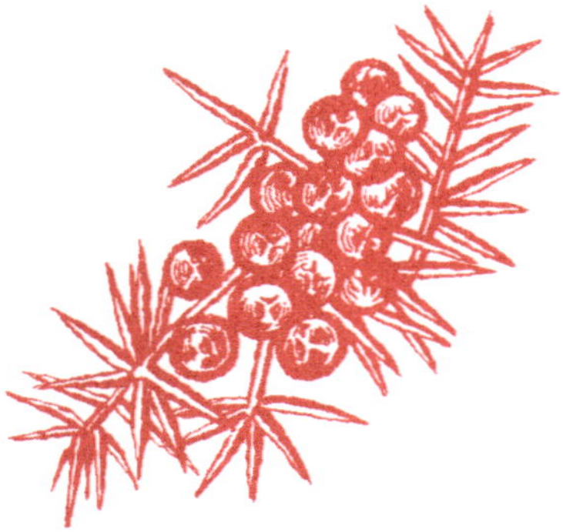

Picknick im Grünen

Hier lagern wir im Hagedorn
im Gras und grünen Ranken
und trinken aus dem vollen Horn
den edlen Wein aus Franken.
Er geht herum im Kreise
und kommt zur Ruhe nie,
dazu ertönt die Weise:
Zieh, Schimmel, zieh!
Es sollt einmal ein Klosterknecht
vor vielen, vielen Jahren
Weinfässer in dem Korbgeflecht
hinab zum Kloster fahren.
Es stak im Straßenkote
das Rösslein bis zum Knie.
Der Fuhrknecht schrie und drohte:
Zieh, Schimmel, zieh!
Es knarrt das Rad, die Mähre dampft,
es kracht die Wagenleiter.
Der brave Schimmel keucht und stampft,
der Ärmste kommt nicht weiter.
Er steht und senkt die Ohren
trotz Peitsche, hott und hüh,
die Mahnung ging verloren:
Zieh, Schimmel, zieh!
Da sah der Knecht die Fässer an
und sprach: »Sie sind zu schwere,
ich glaube, es ist wohlgetan,
wenn ich ein Fässlein leere.«
Aus trank er ein paar Fässer,
der Wein ihm Kraft verlieh,
dann rief er: »Jetzt geht's besser!«
Zieh, Schimmel, zieh!
Vorm Kloster hielt am siebten Tag
das Schimmeltier, das brave,
und auf den leeren Fässern lag
der Klosterknecht im Schlafe.
Da sprach der Prior mit Bedacht:
»Wir wollen ihm vergeben;
wo man den Bock zum Gärtner macht,
gedeihen keine Reben.«

Der Wein sei ihm gegunnen,
noch manches Fass ist hie.
Zapft an den Labebrunnen:
Zieh, Schimmel, zieh!
Wir lagern hier am Hagedorn
im Gras und grünen Ranken
und trinken aus dem vollen Horn
den gold'nen Wein aus Franken.
Er geht herum im Kreise
und kommt zur Ruhe nie,
dazu ertönt die Weise,
die alte Melodie:
Zieh, Schimmel, zieh, ja zieh!
Zieh, Schimmel, zieh!

Aus dem 19. Jahrhundert

Probates Mittel

Sankt Paulus war ein Medikus,
er schrieb an den Timotheus:
Um deines schwachen Magens willen,
sollst du den Durst mit Rotwein stillen.

Altes Studentenlied

Der Most

Den Most (Wein) trink auch mit dem Verstand,
dass er dich nicht werf an die Wand.

Wolfgang Kilian
(1581–1662)

Zufrieden

Es hilft uns kein Gedeutel,
so nimm es, wie es fällt:
Der eine hat den Beutel,
der and're hat das Geld.
Es lässt sich nichts erklopfen:
Der eine hat den Wein,
der and're hat die Pfropfen.
Man muss zufrieden sein!

Theodor Fontane
(1819–1898)
Deutscher Journalist
und Schriftsteller des
Realismus

Austrinken

Wenn man beim Wein sitzt, was ist das Beste?
Anstoßen, austrinken ist das Allerbeste.
Komm, mein lieber Kamerad,
dein bin ich mit Wort und Tat!
Wer das Gläslein heut noch hält
weiß nicht, ob er morgen fällt.
Drum, wenn man beim Weine sitzt, ist das Allerbeste
anstoßen, austrinken, ja das ist das
Beste!

August Kopisch
(1799–1853)

Zechers Selbstgenügsamkeit

Wenn ich trinke guten Wein,
fällt es mir mitnichten ein,
über dieser Erde Schranken
aufzuschwingen die Gedanken
und zu schau'n in blaue Fernen
nach des ew'gen Ruhmes Sternen.
Wenn ich trinke guten Wein,
will ich nicht im Himmel sein.

Wilhelm Müller
(1794–1827)
Deutscher Schriftsteller

Ein braver Zecher trinkt sich satt,
so viele Tag das Jahr wohl hat,
dreihundertfünfundsechzig!
Doch wenn das Jahr ein Schaltjahr ist,
trinkt er als braver Kerl und Christ
dreihundertsechsundsechzig!

frei nach Viktor von Scheffel
(1826–1886)
Deutscher Schriftsteller,
Archivar und Bibliothekar

Ein herrliches Leben?

Der Papst lebt herrlich in der Welt,
es fehlt ihm nie an Ablassgeld;
er trinkt vom allerbesten Wein,
drum möcht ich auch der Papst wohl sein.
Doch nein, er ist ein armer Wicht,
ein holdes Mädchen küsst er nicht;
er schläft in seinem Bett allein,
drum möchte ich der Papst nicht sein.
Der Sultan lebt in Saus und Braus,
er wohnt in einem Freudenhaus
voll wunderschöner Mägdelein,
drum möcht ich wohl der Sultan sein.
Doch nein, er ist ein armer Mann,
denn folgt er seinem Alkoran,
so trinkt er keinen Tropfen Wein.
Drum möcht ich auch nicht Sultan sein.
Geteilt veracht ich beider Glück
und kehr in meinen Stand zurück.
Doch das geh ich mit Freuden ein:
Halb Sultan und halb Papst zu sein!

Christian Ludwig Noack
(1767–1821)
Textdichter

Alkoran: Heilige Schrift
mit den Offenbarungen
Mohammeds

Brüderschaft trinken

Im Krug zum grünen Kranze,
da kehrt ich durstig ein,
da saß ein Wandrer drinnen
am Tisch bei kühlem Wein.
Da sah er mir ins Auge
der fremde Wandersmann
und füllte meinen Becher
und sah mich wieder an.
Hei, wie die Becher klangen,
wie brannte Hand in Hand!
»Es lebe die Liebste deine,
Herzbruder, im Vaterland!«

Wilhelm Müller
(1794–1827)

Weinsprüche und Toasts

Wo in die Schale springt der Wein,
wo kluge Saiten spielen rein,
wo süße Küsse fallen drein,
da kann man herzlich lustig sein.

Friedrich von Logau
(1604–1655)
Deutscher Schriftsteller
des Barock

Man kann, wenn wir es überlegen,
Wein trinken fünf Ursachen wegen:
Einmal um eines Festtags willen,
sodann vorhandenen Durst zu stillen,
ingleichen künftigen abzuwehren,
ferner dem guten Wein zu Ehren
und endlich um jeglicher
Ursach willen.

Friedrich Rückert
(1788–1866)

Bedient uns ein Bauer,
so schmeckt der Wein fast sauer;
doch ist's ein schöner Schatz,
so kriegt sie einen Schmatz.

Clemens Brentano
(1778–1842)
Deutscher Schriftsteller
der Romantik

Meinen Wein trink ich allein,
niemand setzt mir Schranken,
ich hab so meine eigenen Gedanken.

Johann Wolfgang von Goethe
(1749–1832)

Alles kann der Mensch verhehlen,
zwei nur, Wein und Liebe, nicht;
ob der Mund auch widerspricht,
Aug und Miene wird 's erzählen.

Moritz Doering
Textdichter

Weinsprüche aus Volkes Munde

Von den Bergen rauscht das Wasser,
durch die Kehlen rinnt der Wein,
was könnte für uns Prasser
noch schöner auf Erden sein?

Ein Künstler, wer Wein trinkt verständig.
Kunst wird durch Wein erst lebendig!

Frauen, Karten und der Wein
sollen deine Feinde sein;
doch in der Bibel steht geschrieben:
Du sollst auch deine Feinde lieben!

Musik, Gesang und Bier und Wein
und dann die schönen Kinder,
wer das nicht liebt, der ist von Stein.
Tröst Gott den armen Sünder.

Mein Name ist Hans Prasser,
trinke lieber Wein als Wasser.
Tränk ich das Wasser so gern wie den Wein,
könnt ich ein noch reicherer Prasser sein.

Wer nichts auf Wein und Liebe hält,
der ist ein Holzblock in der Welt.
Wer nicht auf Wein und Weiber hört,
ist geistesgestört.

Ein froh Gemüt und edler Wein,
die sollen hier immer beisammen sein.

Gott lieben macht selig,
Wein trinken macht fröhlich.
Drum liebe Gott und trinke Wein,
dann kannst du fröhlich und selig sein.

Trink ich Wasser, sterbe ich,
trink ich Wein, verderbe ich.
Drum ist's besser beim Wein verdorben
als Wasser getrunken und
gestorben.

Im Wasser kannst du dein Antlitz sehen,
im Wein des anderen Herz erspähen.

Ob Rittersmann, ob Bauernknecht,
ein jeder gern 'nen Schoppen zecht.

Schenkt mir einen alten Wein,
dass mein Herz kann fröhlich sein.

Trinkst du Wasser in deinen Kragen,
verkältest du leicht dir deinen Magen.
Trink mäßig alten subtilen Wein,
das rat ich – und lass das Wasser sein.

Viele Flüsse fließen ins Meer,
sie bringen das sprudelnde Wasser daher.
Doch an der Mosel, der Saar und dem Rhein,
da braucht man kein Wasser, da trinkt man den Wein.

Das Wasser macht weise
und fröhlich der Wein,
drum trinke von beiden,
um beides zu sein.

Was ziert den alten Zecher
in später Abendstund?
Ein alter Wein im Becher,
ein neuer Witz im Mund.

Wein ist mein Trost.
Er macht, dass mir
kein Geld verrost't.

Die Blume im Wein duftet fort und fort,
darfst sie auch im Alter genießen
bis spät du kommst an den düsteren
Ort,
wo keine Rosen mehr sprießen.

Was kann er uns geben,
der Saft der Reben?
Ein Freudenleben!

Mein Erbe

Lass ich gleich nicht viel zu erben,
ei, so hab ich edlen Wein,
will mit andern lustig sein,
muss ich auch alleine sterben.

Martin Opitz
(1597–1639)
Bedeutender Dichter
des Barock

Schenk ein!

Der Nebel steigt, es fällt das Laub,
schenk ein den Wein, den holden!
Wir wollen uns den grauen Tag
vergolden, ja vergolden!
Und wimmert auch einmal das Herz,
stoß an und lass es klingen!
Wir wissen's doch: Ein rechtes Herz
ist gar nicht umzubringen.

Theodor Storm
(1817–1888)
Deutscher Schriftsteller
des Realismus

Trinke Sonnenschein,
trinke goldenen Wein
von Frühling bis Herbst.
Trink, bis du sterbst!

Wein von gestern

Wo ist der Wein von gestern hin?
Wir tranken ihn! Wir tranken ihn!
Wo aber ist der Wein von heut?
Er steht zum Trinken vor euch, Leut!

Johann Christoph Friedrich Haug
(1761–1829)
Lyriker

Stoßt an!

Was blickt ihr alten Zecher
so düster ins Glas hinein?
Stoßt an und leert die Becher,
die Freiheit lebt im Wein!

Voll in Tran

Voll, voll, voll,
Freunde, sauft euch voll
Wein, Wein, Wein,
Freunde, schenkt euch ein!
Küsst, küsst, küsst,
wo ein Kussmund küsst,
wisst, wisst, wisst,
kurz ist unsre Frist
hier auf Erden. Voll von Wein,
voll von Liebe
wolln wir sein,
voll von Wein und Liebe,
Freunde, voll zu sein
ist so fein.
Küsst und schenkt euch ein!

Nach Gotthold Ephraim Lessing
(1729–1781)
Schriftsteller und Kritiker

Stoßt an und lasst uns trinken,
dass wir nicht nüchtern scheiden
von diesem goldenen Wein.
Lähmt er uns auch die Schinken,
so muss er doch –
hinein!

Nach Oswald von Wolkenstein
(1377–1445)
Bekannter deutscher
Minnesänger des Mittelalters

Beim Einschenken

Komm hervor aus der Flasche,
du tückischer Wein, du Verderber!
Viele verderbtest du schon,
jetzo verderben wir dich.

Johann Heinrich Voß
(1751–1826)
Deutscher Dichter und Schriftsteller

Der liebe Gott hat nicht gewollt,
dass edler Wein verderben sollt.
Drum hat er uns nicht nur die Reben,
nein – auch den nötigen Durst gegeben.

Lass den Kopf nicht hängen,
bald wird alles besser,
wir steigern uns um Längen,
der Wein, er macht uns kesser.
Ein guter Tropfen Rotwein
das Allerschönste ist,
lässt deinen Kummer tot sein,
damit du ihn vergisst.

Schlechter Wein
schmeckt nicht fein.

Am schönsten ist es bei den Schwaben,
weil die ein gutes Tröpfle haben.

Willst du froh den Tag beschließen,
musst du dich mit Wein begießen.

Willst du etwas Schönes sehn,
musst du in das Wirtshaus gehn,
wo die schönste Kellnerin
dir stellt einen Schoppen hin.
Werde nicht vor Liebe schwach,
trinke aus, bestelle nach,
schenke voll und trinke aus,
denk nicht an dein Kreuz zu Haus!

Zuspruch

Der Wein ist eine Gottesgabe,
lass ihn nicht verkommen,
das wär doch schade.
Trink ihn bis zur Neige,
doch – halt dich gerade!

Zwei oder drei

Tag für Tag a Flascherl Wein
muss net sein,
aber, Leit, a Glaserl Wein,
des derf's sein.
Heut ausnahmsweis
sind wir so frei
und trinken zwei
oder auch drei!

Jedem das Seine

A: Mann, du darfst nur eine lieben,
doch der Gockel sechse, sieben.
B: Macht nix! Dafür trinkt allein
d' Gockel das Wasser und ich den Wein!

Spontispruch

Reiner Wein

Wasser im Wein,
das kann nicht taugen,
vom Wasser im Wein
kommt mir's Wasser in die Augen.
Drum lass es sein,
schwör Stein und Bein:
Kein Wasser im Wein,
der Wein bleibt rein!

Weinlieder

Im Kreise zechender Burschen wurde früher in Kneipen und Weinstuben gesungen. Heute hängt das Singen im Wirtshaus vom Alkoholpegel der Feiernden und von der Lautstärke der Musik ab. Freilich wird zum Technosound lange nicht mehr so einfallsreich getextet wie in der guten alten Zeit. Wenn also gesungen wird, dann sind es die alten, tradierten Lieder. Unter der Herrschaft von Despoten und umgeben von Spitzeln und Denunzianten wurden in den Kneipen Freiräume genutzt – man konnte ungestraft »eine Lippe riskieren«. Heute ist alles erlaubt, der immer durstige »Herr von Rodenstein« oder die leichtfertige »Wirtin von der Lahn« dürfen ungestraft besungen werden. Vieles davon ist bereits vergessen, doch wenigstens die ältere Generation erinnert sich noch an die hervorragendsten Lieder.

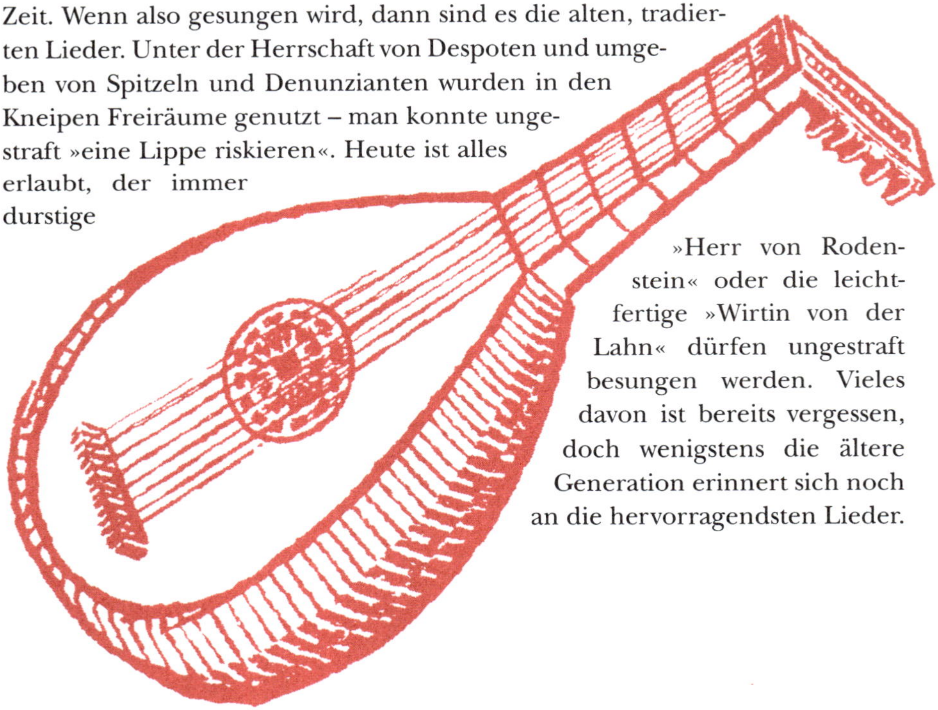

Das Wirtshaus an der Lahn

Es steht ein Wirtshaus an der Lahn,
da kehren alle Fuhrleut an;
Frau Wirtin sitzt am Ofen,
die Fuhrleut um den Tisch herum
und alle sind be-soof-fen.
Die Wirtin hat auch einen Knecht
und was er tut, das ist nicht recht;
er tut sie karessieren.
Des Morgens, wenn er früh aufsteht,
kann er kein Glied mehr rühren.
Frau Wirtin hat auch eine Magd,
die sitzt im Garten und pflückt Salat.
Sie kann es kaum erwarten,
bis dass das Glöcklein zwölfe schlägt,
da kommen die Sol-daha-ten.
Und wer hat wohl dies Lied erdacht?
Zwei Soldaten vor der Schlacht,
ein Tambour und ein Pfeifer.
Und wer das Lied nicht weiterkann,
der fang es an zu pfeifen.

Verfasser unbekannt

karessieren = veraltet für liebkosen

Dieses Sauflied existiert in zahlreichen Versionen.

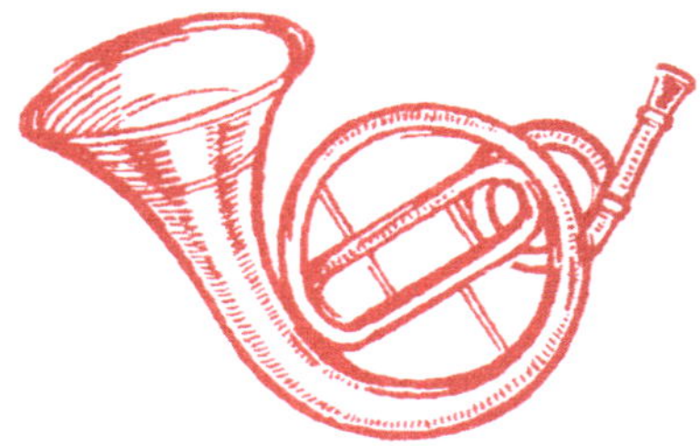

Fürst von Thoren

Einer: Ich bin der Fürst von Thoren,
zum Saufen auserkoren.
Ihr andern seid erschienen,
mich fürstlich zu bedienen.

Alle: Eu'r Gnaden aufzuwarten
mit Wein von allen Arten
euch fürstlich zu bedienen,
sind wir allhier erschienen.

Einer: Ihr Jäger, spannt's Gefieder,
schießt mir die Böcke nieder;
ihr andern aber alle
stoßt in das Horn, dass es schalle.

Alle: Ins Horn, ins Horn, ins Jägerhorn.
Sauf aus, sauf aus, du Fürst von Thorn.
Sauf aus, sauf aus!

(Nach einem Kinderlied)

Also lasst uns trinken!

Hier sind wir versammelt zu löblichem Tun,
drum, Brüderchen, ergo bibamus!
Die Gläser, sie klingen, Gespräche, sie ruhn;
beherziget ergo bibamus!
Das heißt noch ein altes, ein tüchtiges Wort,
es passet zum ersten und passet so fort
und schallet, ein Echo, vom festlichen Ort
ein herrliches ergo bibamus.

Johann Wolfgang von Goethe
(1749–1832)

Ergo bibamus: Also lasst uns trinken!

Im kleinen Kreise

Es hatten drei Gesellen
ein fein Kollegium;
es kreiste so fröhlich der Becher
in dem kleinen Kreise herum.
Sie lachten dazu und sangen
und waren froh und frei,
des Weltlaufs Elend und Sorgen,
die gingen an ihnen vorbei.

Elias Salomon
(19. Jahrhundert)

Schlechter Rat

Einst hat mir mein Leibarzt geboten,
stirb oder entsage dem Wein,
dem weißen sowohl als dem roten,
sonst wird es dein Untergang sein.
Ich hab es ihm heilig versprochen
auf etliche Jahre zwar nur,
doch nach so zwei schrecklichen Wochen
vergaß ich den albernen Schwur.

Um 1800

Bruder Liederlich

Die Feder am Strohhut in Spiel und Gefahren,
halli!
Nie lernt ich im Leben zu fasten, zu sparen,
hallo!
Der Dirne lass ich die Wege nicht frei,
wo Männer sich raufen, da bin ich dabei,
und wo sie saufen, da sauf ich für drei,
halli und hallo.
Verdammt, es blieb mir ein Mädchen hängen,
halli!
Ich kann sie mir nicht aus dem Herzen zwängen,
hallo!
Ich glaube, sie war erst sechzehn Jahr,
trug rote Bänder im schwarzen Haar
und plauderte wie der lustige Star,
halli und hallo.
Und als ich zum Abschied die Hand
gab der Kleinen,
halli!
Da fing sie bitterlich an zu weinen,
hallo!
Was denk ich just heut ohne Unterlass,
dass ich ihr so rau gab den Reisepass?
Wein her, zum Henker, und da liegt
Trumpf Ass!
Halli und hallo.

Detlev von Liliencron
(1844–1909)
Deutscher Schriftsteller,
Wegbereiter des Naturalismus

Trinklied im Freien

Brüder, lagert euch im Kreise,
trinkt nach alter Väter Weise,
leert die Gläser, schwenkt die Hüte
auf der goldenen Freiheit Wohl!

Um 1800

Das Kaplied

Auf, auf, ihr Brüder, und seid stark!
Der Abschiedstag ist da.
Schwer liegt er auf der Seele, schwer,
wir sollen über Land und Meer
ins heiße Afrika.
Ein dichter Kreis von Lieben steht,
ihr Brüder, um uns her.
Uns knüpft so manches teure Band
an unser deutsches Vaterland,
drum fällt der Abschied schwer.
Und trinken auf dem Hoffnungskap
wir seinen Götterwein,
so denken wir, von Sehnsucht weich,
ihr fernen Freunde, dann an euch
und Tränen fließen drein.

Nach Christian Friedrich
Daniel Schubart
(1739–1791)
Schriftsteller und Musiker

Das Köhlerweib

Das Köhlerweib ist trunken
und singt im Wald;
hört, wie die Stimme gellend
im Grünen hallt.
Sie war die schönste Blume,
berühmt im Land;
es warben Reich und Arme
um ihre Hand.
Da hat sie überlistet
der rote Wein;
– wie müssen alle Dinge
vergänglich sein!

Gottfried Keller
(1819–1890)
Wichtigster Schweizer
Schriftsteller des Realismus

Herr von Rodenstein

Das war der Herr von Rodenstein,
der sprach: »Dass Gott mir helf,
gibt's nirgend mehr 'nen Tropfen Wein
des Nachts um halber zwölf?«
Und als mit Spieß und Jägersrock
sie ihn zu Grab getan,
hub selbst die alte Lumpenglock
betrübt zu läuten an.
Doch wem der letzte Schoppen fehlt,
den duld't kein Erdreich nicht,
drum tobt er jetzt, von Durst gequält,
als Geist herum und spricht:
»Raus da! Raus da!
Aus dem Haus da!
Herr Wirt, dass Gott mir helf,
gibt's nirgend mehr 'nen Tropfen Wein
des Nachts um halber zwölf?«

Viktor von Scheffel
(1826–1886)

Drum sag ich's noch einmal

Schön ist die Jugend bei frohen Zeiten,
schön ist die Jugend, sie kommt nicht mehr.
Es wächst ein Weinstock und der trägt Reben
und aus den Reben quillt edler Wein.
Und wenn die Alten das Glas erheben,
kehrt dann noch einmal die Jugend ein.
Drum sag ich's noch einmal:
Schön ist die Jugendzeit,
schön ist die Jugend,
sie – kommt nicht mehr.

Volkstümlich aus Hessen

Trinklied

Auf! Schwärmt und trinkt, geliebte Brüder.
Wir sind uns alle herzlich freund,
sind eines großen Bundes Glieder,
im Leben wie im Tod vereint
und trotz der Zeiten Sturm und Graus,
wir halten treu und redlich aus.

Karl Theodor Körner
(1791–1813)
Vaterländischer Schriftsteller

Lebenslust

Alles, was wir lieben, lebe!
Alles, was uns hoch erfreut:
Wein und Frühling, Frucht und Rebe,
jede Blüte, Herzensgüte,
Freundschaft und Geselligkeit!
Cheerio!

Nach Ritter
(19. Jahrhundert)

Gold und Silber

Gold und Silber lieb ich sehr,
kann's auch wohl gebrauchen;
hätt ich nur ein ganzes Meer,
mich darein zu tauchen.
Horcht, wie klingt so silberrein
froher Sang der Zecher.
Seht, wie blinkt der goldne Wein
hier in meinem Becher.
Dass die Zeit einst golden war,
wer wollt das bestreiten,
denkt man doch im Silberhaar
gern vergangner Zeiten.

August Schnezler
(1809–1853)

Wo man singt

Wo man singt, da lass dich ruhig nieder
ohne Furcht, was man im Lande glaubt.
Wo man singt, da wird kein Mensch beraubt,
böse Menschen haben keine Lieder.
Wenn der Becher mit dem Traubenblute
unter Rosen unsre Stunden kürzt
und die Weisheit unsre Freude würzt,
macht ein Lied den Wein zum Göttergute.

Johann Gottfried Seume
(1763–1810)
Schriftsteller, Übersetzer und Privatlehrer

In guten Stunden

In allen guten Stunden
erhöht von Lieb und Wein,
soll dieses Lied verbunden
von uns gesungen sein.
So glühet fröhlich heute,
seid recht von Herzen eins.
Auf, trinkt erneuter Freude
dies Glas des echten Weins!

Johann Wolfgang von Goethe
(1749–1832)

Weinblüte

Wenn sich in der Rebe rührt
erstes Blütenregen,
auch der Wein im Fasse spürt
lenzesfroh Bewegen.
Liebesfrühlingssonnenschein
freuet Jung und Alte.
Junge Rebe, alter Wein,
dass euch Gott erhalte.

Franz Bonn
(19. Jahrhundert)

Lied

Es klingen die Lieder, es winkt uns die Lust
und Fröhlichkeit wieder durchzieht unsre Brust.
Genießt frei das schnelle, vergängliche Glück;
es eilt wie die Welle und kehrt nicht zurück.
Stoßt an in der Runde, dass freudig es klingt,
genießt jede Stunde, die Rosen euch bringt
und singt es dann wieder und wieder aufs Neu:
Wir alle sind Brüder und bleiben uns treu!

R. von Wilpert
(19. Jahrhundert)

Ein Heller und ein Batzen

Ein Heller und ein Batzen,
die waren beide mein.
Der Heller ward zu Wasser,
der Batzen ward zu Wein.
Die Wirtsleut und die Mädel,
die rufen beid: »O weh!« –
die Wirtsleut, wenn ich komme,
die Mädel, wenn ich geh.
War das 'ne große Freude
als ihn der Herrgott schuf,
ein Kerl wie Samt und Seide –
nur schade, dass er suff!
Heidi, heido, heida...
Versoffen, versoffen,
versoffen muss es sein.

Albrecht Graf Schlippenbach
(um 1830)
Dichter

Süße Kraft durch Rebensaft

Man sagt wohl: In den Maien,
da sind die Brünnlein g'sund. –
Ich glaub's nit, bei mein Treuen,
es schwenkt ein'm nur den Mund
und tut im Magen schweben,
drum will mir's auch nicht ein:
Ich lob die edlen Reben,
die bring'n uns guten Wein.
Nun sei mir gottwillkommen,
du edler Rebensaft!
Ich hab gar wohl vernommen,
du bringst mir süße Kraft,
lässt mir mein G'müt nicht sinken
und stärkst das Herze mein.
Drum wollen wir dich trinken
und alle fröhlich sein!

Johann Fischart
(um 1546–1590)
Deutscher Satiriker und Publizist

Königtum

Hier sitz ich auf dem grünen Pfühl
von Maien aufgeschlagen,
der Tag ist lau, der Wein ist kühl,
so muss der Trank behagen.
Allein beim Weine Zug um Zug,
wie wachsen die Gedanken!
So selig kann des Adlers Flug
im Äthergold nicht schwanken.
Sei König, wer da trinken kann
zugleich mit Leib und Seele.
Ein nüchtern Mann – ein armer Mann!
Vertrocknet Herz und Kehle.

J. G. Fischer (19. Jahrhundert)

Schlendrian

Ich gehe meinen Schlendrian
und trinke meinen Wein
und wenn ich nicht bezahlen kann,
so ist die Sorge mein.
Ja, schlüg ich auch mein Glas
in tausend Trümmern,
so hat sich doch kein Mensch, kein Mensch
darum zu kümmern.

Aus dem 19. Jahrhundert

Rolands Horn

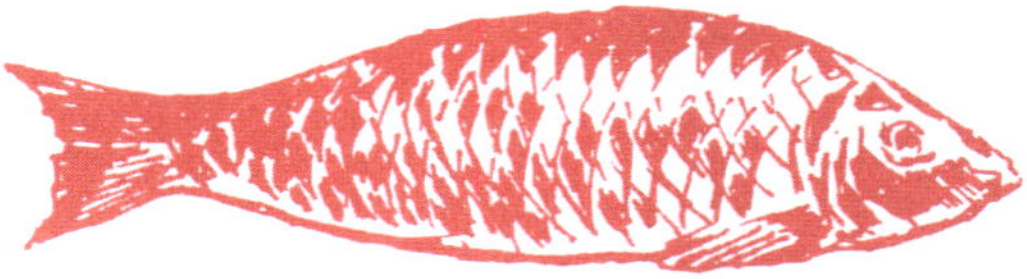

Der König hielt ein Mahl mit Schall
im Schlosse zu Paris,
als auf der Jagd von Roncevall
Roland sein Leben ließ.
König Karl sprang auf in Angst und Zorn,
er horchte lang und tief:
»Mir ist, als hört ich Rolands Horn,
das fern um Hilfe rief.«
Da klang es herüber zum zweiten Mal,
es klang nicht leis und lind,
es schmetterte durch den Königssaal
wie rasender Wirbelwind.
Und als zum Dritten das Horn erscholl,
da bersten Gewölbe und Wand,
da sank der Humpen, Weines voll,
dem König aus der Hand...

Moritz Graf Strachwitz
(1822–1847)
Balladendichter

Roland: Gefeierter Held, der der Sage nach 778 bei Roncevalles gefallen ist.

Trinklied

Was ist das für ein durstig Jahr!
Die Kehle lechzt mir immerdar,
die Leber dorrt mir ein.
Ich bin ein Fisch auf trocknem Sand,
ich bin ein dürres Ackerland;
o schafft mir, schafft mir Wein!
Und wenn es euch wie mir ergeht,
so betet, dass der Wein gerät,
ihr Trinker insgemein!

Ludwig Uhland
(1787–1862)
Schriftsteller und Germanist

Der Rausch

*Wer niemals einen Rausch gehabt,
der ist kein braver Mann.
Wer seinen Durst mit Achteln labt,
fang lieber gar nicht an.
Ein jeder Trinker lebe hoch,
der bei dem vollen Glas
schon oft der Arbeit hartes Joch,
des Lebens Müh vergaß.
Wer dich verschmäht, du edler Wein,
der ist nicht wert ein Mensch zu sein!
Wenn rein wie Gold das Rebenblut
in unsern Gläsern blinkt,
sich jeder Zecher wohlgemut
ein kleines Räuschchen trinkt.
Drum trink ich, weil ich trinken kann
und mir das Weinchen schmeckt
so lange, bis der Sensenmann
ins kühle Grab mich streckt.
Denn endet sich der Lebenslauf,
hört sich von selbst das – Trinken auf!*

*Joachim Perinet
(1763–1816)
Österreichischer Schauspieler
und Dichter*

Drei Sterne

*Es blinken drei freundliche Sterne
ins Dunkel des Lebens hinein;
die Sterne, sie funkeln so traulich,
sie heißen: Lied, Liebe und Wein.
Und Wein und Lieder und Liebe,
sie schmücken die festliche Nacht;
drum leb, wer das Küssen und Lieben
und Trinken und Singen erdacht!*

*Karl Theodor Körner
(1791–1813)*

Becherklang

Wenn laute Becher klingen
und golden grüßt der Wein,
dann wollen wir auch singen
und guter Dinge sein.
So wollen wir, so wollen wir,
bis dass der Tag erwacht,
durchjubeln und durchtollen
die ganze schöne Nacht.
Wenn laute Becher klingen
und golden grüßt der Wein,
so soll ein fröhlich Singen
und tüchtig Trinken sein.
Mit Schwächen und Gebrechen
sind wir nur schlecht bedacht,
die alten Deutschen zechen
die ganze schöne Nacht.

Aus dem 19. Jahrhundert

Gedämpfter Übermut

Und sitz ich am Tische beim Glase Wein,
trink aus!
Und stimmen auch wacker die Freunde mit ein,
trink aus!
So geht mir zu Herzen das Heil der Welt;
es ist gar zu erbärmlich damit auch bestellt.
Trink aus, trink aus!
Es treiben's die Leute zu kraus.
Sind aber die Gläser und Flaschen erst leer,
zu Bett!
Dann werden der Kopf und die Zunge mir schwer,
zu Bett!
Mein Weib wird mich schelten,
mein Herrschen ist aus,
ich schleiche mich leise, ganz leise nach Haus.
Zu Bett, zu Bett, zu Bett!
Dass sie den Pantoffel nicht hätt.

Adalbert von Chamisso
(1781–1838)
Dichter der Romantik und Naturforscher

Tief gesunken

Wie ich bin, ach, so tief gesunken,
in allen Schenken kehr ich ein
von Liebe, Lied und Jugend trunken,
drei Jahre schon geriet der Wein
und auch im vierten blühen Reben.
Ihr lieben Freunde, stimmet ein:
Was braucht es mehr, um froh zu leben,
als Leichtsinn, Liebe, Leid und Wein?

Friedrich Hornfeck
(19. Jahrhundert)

Der Trinker

Im kühlen Keller sitz ich hier
auf einem Fass voll Reben,
bin guten Muts und lasse mir
vom Allerbesten geben.
Der Küfer holt den Heber vor,
gehorsam meinem Winke,
füllt mir das Glas, ich halt's empor
und trinke, trinke, trinke.
Mich plagt ein Dämon, Durst genannt,
und um ihn zu verscheuchen,
nehm ich ein Deckelglas zur Hand
und lass mir Rheinwein reichen.
Die ganze Welt erscheint mir nun
in rosenroter Schminke.
Ich könnte keinem Leides tun,
ich trinke, trinke, trinke...

Karl Müchler
(19. Jahrhundert)

Heber: Absauggerät für Flüssigkeiten

Ja, wenn…

Wenn ich einmal der Herrgott wär
mein Erstes wäre das:
Ich nähme meine Allmacht her
und schüf ein großes Glas;
ein Glas so groß als wie die Welt,
ein Meer göss' ich hinein
von einem Belt zum andern Belt
von Rüdesheimer Wein.
Wenn ich einmal der Herrgott wär,
mein Nächstes wäre das:
Ich nähme meine Allmacht her,
tränk täglich so ein Maß.
O welche Wonne wäre nun
in solchem Zug und Druck,
da könnt man doch sich gütlich tun
an einem tüchtigen Schluck.

Eduard Amthor
(um 1840)

Am Rhein

Bekränzt mit Laub den lieben vollen Becher
und trinkt ihn fröhlich leer,
in ganz Europia, ihr Herren Zecher,
ist solch ein Wein nicht mehr.
Am Rhein, am Rhein, da wachsen unsre Reben,
gesegnet sei der Rhein!
Da wachsen sie am Ufer hin und geben
uns diesen Labewein.
Und wüssten wir, wo jemand traurig läge,
wir gäben ihm den Wein.
Drum trinkt und trinkt und lasst uns allewege
uns freun und fröhlich sein!

Nach Matthias Claudius
(1740–1815)
Deutscher Dichter

Von echtem Schrot

Der Bursch von echtem Schrot und Korn
hat immer frohen Mut;
an seinem Stiefel klirrt der Sporn,
die Feder schwankt am Hut.
Er trinkt den edlen Rebensaft
und fühlt sich stark und groß,
in seinem Arm wohnt Riesenkraft,
die Freiheit ist sein Los!

Aus dem 18. Jahrhundert

Mein Vorsatz

Hier sitz ich auf Rasen mit Veilchen bekränzt;
hier will ich auch trinken, bis lächelnd
am Himmel mir Hesperus glänzt.
Ich labe mich lieber am Wein und am Kuss,
bevor ich hinunter ins traurige Reich
der Philisterwelt muss.
Drum will ich auch trinken, solang es noch geht:
Bekränzt mich mit Rosen und gebt mir
ein Mädchen, das zu küssen versteht!

Nach Klamer Schmidt
(18. Jahrhundert)

Hesperus: Abendstern
Reich der Philisterwelt: Hölle

Trinken in der Jugend

Seht die Gläser winken,
lasst vom Wein uns trinken
in der frischen, frohen Jugendzeit.
Wo sich Burschen finden,
soll der Schlaf verschwinden,
sei dem Trinken nur die Nacht geweiht.
Wenn die Jahre kommen
wird die Brust beklommen
und das Trinken hört von selber auf.
In der Jugend doch
hält der Becher noch
in den Nächten seinen Siegeslauf.

M. Degen
(19. Jahrhundert)

Festgelage

Brüder, zu dem festlichen Gelage
hat ein guter Gott uns hier vereint.
Alle Sorgen lasst uns jetzt entsagen,
trinken mit dem Freund, der's redlich
meint.
Da, wo Nektar glüht,
holde Lust erblüht
wie die Blumen,
wenn der Frühling scheint.
Nippt nicht nur, wenn Bacchus' Quelle
fließet,
an des vollen Bechers Rand.
Wer das Leben tropfenweis genießet,
hat des Lebens Deutung nicht erkannt.
Nehmt ihn frisch zum Mund,
leert ihn bis zum Grund,
den ein Gott vom Himmel uns gesandt.
Lasst doch nicht die Jugendkraft
verrauchen,
in dem Becher winkt der goldne Stern!
Honig lasst uns von den Lippen
saugen,
Liebe ist des Lebens süßer Kern.
Ist die Kraft versaust,
ist der Wein verbraust,
folgen, alter Charon, wir dir gern.

Schlesisches Burschenlied
(um 1820)

Bacchus: Gott des Weines
Charon: Fährmann in der Unterwelt der Toten

Heute ist noch Zeit

Heute ist heute und heute ist noch Zeit,
morgen ist das ganze Regiment wer weiß
wie weit.
Das, Kameraden, ist des Kriegers bittres Los,
darum nehmt das Glas zur Hand und wir
sagen: Prost!
Alter Wein bringt Mut und Kraft,
in ihm ist der reine Rebensaft
(alte Weiber trinken Himbeersaft!).
Sind wir alt, das Herz bleibt jung
und gewaltig die Erinnerung.
Drum trinkt aus und schlaget ein
und lasst uns alte Kameraden sein.

Aus dem Soldatenlied
»Alte Kameraden«

Wo unsere Reben wachsen

Zwischen Frankreich und dem Böhmerwald,
da wachsen unsre Reben.
Grüß mir mein Lieb am grünen Rhein,
grüß mir meinen kühlen Wein:
Nur in Deutschland, nur in Deutschland
da will ich ewig leben.

August Heinrich Hoffmann
von Fallersleben
(1798–1874)

Strömt herbei

Strömt herbei, ihr Völkerscharen,
zu des deutschen Rheines Strand.
Wollt ihr echte Lust erfahren,
o so reichet mir die Hand.
Nur am Rheine will ich leben,
nur am Rhein geboren sein,
wo die Berge tragen Reben
und die Reben goldenen Wein.
Wenn ich hier gelebt in Wonne
und geliebt in Seligkeit
und geleeret manche Tonne,
wandre ich gern zur Ewigkeit.
Nur am Rheine will ich sterben,
nur am Rhein grabt mir mein Grab
und des letzten Glases Scherben
werft in meine Gruft hinab!

C. O. Sternau
(19. Jahrhundert)
Textdichter

Klingt an und hebt die Gläser hoch

O alte Burschenherrlichkeit,
wohin bist du verschwunden?
Nie kehrst du wieder, goldene Zeit,
so froh und ungebunden.
Vergebens spähe ich umher,
ich finde deine Spur nicht mehr.
O jerum, jerum, jerum,
o quae mutatio rerum!
Drum, Freunde, reichet euch die Hand,
damit es sich erneue,
der alten Freundschaft heilges Band,
das alte Band der Treue.
Klingt an und hebt die Gläser hoch,
die alten Burschen leben noch,
noch lebt die alte Treue!

Eugen Höfling
(19. Jahrhundert)

O quae mutatio rerum:
Wie sich die Dinge ändern.

Hammerschmiedsgesellen

Wir sind ja die lustigen
Hammerschmiedsgesellen,
können dableiben, können fortgehn,
können tun, was wir wöllen.
Gebt den Wein her, gebt Bier her,
gebt Holderbeerschnaps:
Bei uns geht es hoch her,
bei uns geht's nicht knapps.
Blaumontag, Blaudienstag, das ist uns
grad eins,
wenn wir Geld haben, tun
wir 'nen Rausch haben,
wenn wir Durst haben,
hoammer keins.

Volkslied

Preislied auf den Wein

Noch sind wir jung, die Freude soll
uns nicht umsonst begrüßen,
die Gläser voll, die Becher voll!
Schenk ein den Wein, den süßen.
Du schönes Kind, schenk ein, schenk ein
und sing uns lustige Weisen.
Rote Lippen und goldenen Wein
wollen wir rühmend preisen!

Emil Rittershaus
(1834–1897)

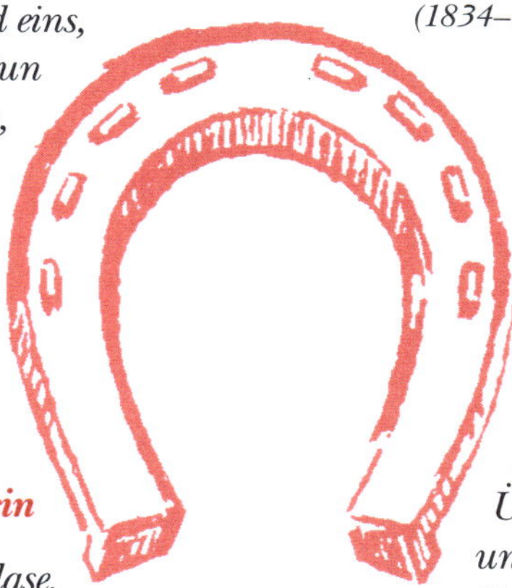

Reben am Rhein

Wie glüht er im Glase,
wie flammt er so hold;
geschliffnem Topase
vergleich ich sein Gold
und Düfte entschweben
ihm blumig und fein.
Gott schütze die Reben
am sonnigen Rhein!

Frida Schanz
(1859–1944)

Leben am Rhein

Preiset die Reben, hoch
preiset den Rhein!
Schöner kann's Leben im
Himmel nicht sein.
Überall Freude, Gesänge
und Wein,
glücklich fürwahr ist das
Leben am Rhein.
Schaut, in dem Becher glänzt perlender
Wein.
Auf denn, ihr Zecher, es lebe der Rhein.
Sterbend noch soll unser Wahlspruch es
sein:
Vivat das fröhliche Völkchen am Rhein!

J. J. Reiff
(19. Jahrhundert)

Wer fest arbeitet,
der soll auch feste feiern.
(Spontiweisheit)

Allgemeine Trinksprüche

Es lässt sich nicht leugnen, dass man im Ausland häufig keine sehr gute Meinung von den Deutschen hat. Die einen halten uns immer noch für verkappte Nazis, die anderen für einfältige Schluckspechte, die grölend von Bierfest zu Bierfest wanken. Unser Leben ist jedoch kein ganzjähriges Oktoberfest, auch wenn die Menschen hierzulande im Allgemeinen sehr fröhlich sind. Zahlreiche Vereinsfeste und regelmäßige Stammtische ergänzen das Angebot der Feste im Jahres- und Lebenslauf. Doch nicht alle schätzen den Stammtisch. Fachsimpelnde Grüppchen ohne Selbstdisziplin in der Provinzkneipe, die regelmäßige Wettbewerbe im Leistungstrinken bis zum Umfallen veranstalten: Hat das noch mit froher Geselligkeit zu tun? Es hat, denn viele Vorurteile aus Großvaters Zeiten haben sich überlebt. Heute gibt es nicht nur Männerstammtische, sondern auch Stammtische (früher »Kränzchen« genannt) für Frauen. Zudem treffen sich Damen und Herren nicht immer getrennt. Der Stammtisch kann durchaus bereichern. Er ist sicher nicht der öffentliche Ort, an dem man feststellen kann, wer »am meisten vertragen kann«, er ist meistens auch nicht frauenfeindlich und – Stammtischler sind keine Maulhelden, aber witzig, schlag- und zungenfertig dürfen sie sein. Ein passender Trinkspruch schadet niemals. Das geflügelte Wort »Wo man singt, da lass dich fröhlich nieder!« parodierend, können wir sagen: »Wo geistvoll manchen Spruch man klopft, geht keine Freundschaft in die Brüche: Nur dumme Zeitgenossen kennen keine dummen Sprüche!« Also: Hoch die Gläser!

Trinksprüche des Volksmunds

Am Morgen tut ein Gläschen gut,
am Mittag trinke zwei.
Am Nachmittag nicht schaden tut,
trinkst du der Gläser drei.
Und trinkst du fort bis Mitternacht,
hast du den Tag recht nett verbracht.
O trink den reinen goldenen Wein,
das edle Blut der Reben!
Denn würd das Trinken Sünde sein,
hätt Gott uns nicht den Durst gegeben.

Trinke heute,
trinke morgen,
dann verscheuchst du
dir die Sorgen.

Zur rechten Zeit
ein gutes Glas
macht wieder heut
dem Zecher Spaß.

Wenn wir hier beisammen sind,
sind beisammen viele
wie der Himmel und der Wind
zu dem einen Ziele:
Trinken – mit Gefühle!

Rat

Bier auf Wein,
das lass sein.
Wein auf Bier,
rat ich dir!

Schön ist's auf der Welt zu sein,
darauf trinken wir noch ein'n!

Ein frohes Lied,
ein frischer Trank,
ein freies Wort,
ein lust'ger Schwank,
ein zarter Kuss,
ein roter Mund,
die halten Seel
und Leib gesund.

Lasst die feurigen Bomben erschallen,
piff, paff, puff, vivallerallera.
Unser Manuel, der soll leben
und sein Frauchen auch daneben,
drum trink er jetzt sein Gläschen aus.
Es lebe das ganze manuelitische Haus!
Aus! Aus! Aus!
Leeret die Gläser, schenkt sie wieder ein.
Lasst uns alle fidele Freunde sein.
Prosit!

Auf, ihr Brüder, auf und trinkt,
stoßt die Gläser an und singt.
Hoch leb jeder brave Mann,
der sein Gläschen leeren kann.

Trink und lass die Taler springen,
gleich hörst du die Englein singen
und denkst an – Götz von Berlichingen.
Alkohol und Nikotin
rafft die halbe Menschheit hin.
Ohne Alkohol und Rauch
stirbt die andre Hälfte auch.

Immer noch ein Tröpfchen!

Trinke mer noch e Tröpfchen,
trinke mer noch e Tröpfchen
aus dem kleinen Henkeltöpfchen.
Trinke mer noch e Tröpfchen
aus dem Henkeltopf.
Oh, Susanne! Wie ist das Leben
doch so schön.
Oh, Susanne! Wie ist das Leben schön!

Gassenhauer um 1900

Betrunken

Im Wirtshaus einen heben,
das ist das wahre Leben,
schaut's an!
Ein Gläschen kann nicht schaden,
doch bald ist voll geladen
der Mann.
Dann kann er kaum noch stehen
und nicht mehr grade gehen,
o Graus!
Der Mutter hat's gestunken:
Ihr Alter kommt betrunken
nach Haus!

Frei nach einem Kinderlied
von Friedrich Güll

Ich bin ein pommerscher Edelmann
und habe gesoffen, was ich kann,
auf ein langes Leben des gnädigsten Fürsten;
und wer nicht so trinkt,
soll ewig dürsten!

Ich trink auf Gott
und fürcht den Teufel nicht.
Bisweilen krieg
ich auch die Gicht.

Trink, solang ein Glas dir winkt,
trinke alle Tage;
ob man auch im Himmel trinkt,
das ist sehr die Frage.

Des Morgens ein Gläschen,
des Mittags auch zwei.
Doch vergiss nicht am Abend
das Zählen dabei!

Allzu viel ist ungesund.
Wer zu viel trinkt,
kommt auf den Hund!

Ein echter goldener Wein
soll nie dein Schaden sein.

Ein kühles helles Bier,
mein Freund, das rat ich dir.

Trink und iss,
Gott nie vergiss!

Trink nicht in Hast,
als sei's ein Spiel;
der Kluge schießt nicht übers Ziel,
er trinkt bedächtig, aber viel.

Lass an dich kommen,
trink moderat,
dass dir die Gottesgab nicht schad.

Trinken, lieben, lachen
sind drei feine Sachen.

Stammtischphilosophie

*Wie schön für den, der hoffen kann:
Ein Leben nach dem Tod!
Wer's glaubt, ist zu beneiden, Mann,
denn er hat keine Not.
Der Glaube an das Paradies
die Berge ihm versetzt.
Wie wunderbar und schön ist dies,
so glaubt er bis zuletzt.
Und ist sein blaues Paradies
voll Engel und voll Trauben?
Er weiß es nicht, er weiß es nicht!
Er muss es einfach glauben.
Wir glauben nicht, wir wissen es,
dass es auf Erden hier
nichts Schöneres und Besseres
doch gibt als – helles Bier!*

*Ich trinke auf die Heftelmacher,
ich trinke auf die Spätaufwacher,
ich trinke auf die großen Namen,
ich trinke auf die schönen Damen,
die Callboys und die Bordsteinschwalben,
die Sennerinnen auf den Almen,
ich trink auf Schlampen aller Sorten,
auf Bettler an den Klosterpforten
und auf die Christl von der Post.
Prost! Ich trinke auf euch alle.*

Weise Worte

*Was sagte König Salomon,
als er auf seinem goldnen Thron
sollt eine Rede schwingen,
dass hell die Becher klingen?
Es sagte König Salomon,
ihr, treue Freunde, wisst es schon,
er sprach nur kurz und weise
und jeder lauscht' im Kreise
auf jenen guten König.
Doch dieser sprach nur wenig,
er sprach nur kurz: »Statt toasten,
lasst uns zuprosten!«
Sauft, Brüder, sauft.*

Salomo: König von Israel
(10. Jahrhundert v. Chr.)

Bischof ist sich Chef von Kirche,
Papst ist Chef von Christenheit,
Feldmarschall ist Chef der Heere,
Putzfrau Chef von Sauberkeit.
Kapitän ist Chef von Dampfer,
Kämmerer ist Chef von Geld.
Ich bin Chef von Schnapsideen.
Gott ist Chef der ganzen Welt.
Prost!

Dem Laster frönen

Das gräuliche Laster der Trunkenheit
brachte uns Freude zu jeder Zeit
und da wir das gräuliche Laster pflegen,
werden wir auch kein bisschen verlegen.
Heut' Abend ist es mal wieder so weit
und wir alle beschwipst und voll Trunkenheit.
Drum sag ich, bevor die Lallphase beginnt,
euch allen, Schluckspechte hier, geschwind
aus Nord und Süd und West und Ost:
Prost!

Der Wein

Wein ist ein Symbol der Freude,
Wein ist unsrer Nasen Lust.
Wein ist eine Augenweide,
Wein erweitert uns die Brust.
Wein ist Balsam für die Seele,
Wein lässt hüpfen unser Herz,
Wein rinnt golden durch die Kehle,
Wein vermindert allen Schmerz.
Wein vertreibt die bösen Sorgen,
Wein ist beste Arzenei,
Wein am Abend, Wein am Morgen,
Wein macht munter, froh und frei!

Statt Wein kann auch Bier gesagt werden.

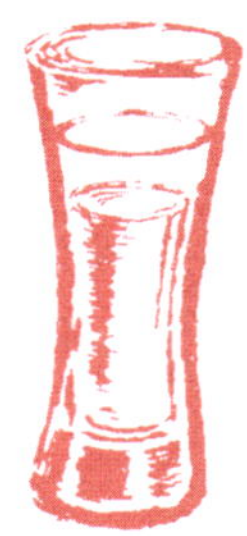

Brüderlein, trink!

Trink, trink, Brüderlein trink!
Lasse die Sorgen zu Haus.
Meide den Kummer
und meide den Schmerz,
dann ist das Leben ein Scherz.

Älterer Gassenhauer

Preislied auf den Alkohol

Lob und Preis dem Alkohol,
er schmeckt uns so fein.
Der Champagner tut uns wohl.
Könnt es anders sein?
Nein, in Maßen stets getrunken,
ist der Sekt gesund.
Auch beim Bier nie abgewunken,
macht's auch etwas rund
unser Bäuchlein. Schadet das?
Ach, wieso denn nur!
Zünftig trinken macht uns Spaß,
ist Gesundheitskur.
Rebensaft ist Sonnenschein,
Gerstentrank ernährt.
Trinke nie im Kämmerlein,
das ist nicht viel wert,
wenn du krank bist oder ganz
deprimiert zu Haus.
Trinke bei Musik und Tanz,
trink bei frohem Schmaus.
Trinke, wenn du glücklich bist,
nicht bei schlimmen Sorgen.
Wenn der Abend fröhlich ist,
lacht dir froh der Morgen.

Was schert's uns?

Wir trinken um die Wette,
wir saufen, dass es kracht,
weil uns das Sau-Sau-Saufen
so große Freude macht.
Und schimpft uns der Herr Pfarrer,
das juckt uns nicht die Bohne,
wir hör'n auf keinen Schmarrer
und sind vergnügt auch ohne
die Nachsicht unsrer Weiber,
den Segensspruch vom Chef,
's gibt bessre Zeitvertreiber,
perfekt aus dem Effeff.
Und fahren wir zum Teufel,
auch dort gibt es Philister
und Bonzen und Politiker
und den Finanzminister.
Prost!

Philister: Engstirniger Spießer

Wenn die Becher schäumen

Kommt, Brüder, trinket froh mit mir.
Seht, wie die Becher schäumen!
Bei vollen Gläsern wollen wir
ein Stündchen schön verträumen.
Vergänglich ist des Lebens Glück.
Drum pflückt in jedem Augenblick
euch einen frischen Strauß.
Trinkt aus!

Unbekannter Verfasser

Gesundheit

Ich will nicht lange Reime leiern,
wir kamen alle froh zum Feiern
zusammen hier in bunter Rund:
Hauptsach, mir san g'sund!
Wer das von sich behaupten kann,
ist ein beneidenswerter Mann,
ihn lockt das Leben kunterbunt:
Hauptsach, mir san g'sund!
Das soll auch unser Wahlspruch sein,
er gilt für Groß und gilt für Klein
an allen Tagen, Stund um Stund:
Hauptsach, mir san g'sund!
Zum Wohl.

Prosit!

Im Wirtshaus spielt die Musik
und wir haben großes Glück.
Wir sind zusammengekommen
und haben uns vorgenommen
heut richtig lustig zu sein
und uns unsres Lebens zu freun.
So trinken wir einen Tropfen.
Uns selbst auf die Schulter zu klopfen,
das bleibt uns unbenommen.
Wir sind zusammengekommen
zu trinken und fröhlich zu sein
und so soll es immer sein.
Drum heben wir unser Glas
und haben großen Spaß
zusammen alle, es kost',
was es wolle: Prost!

Lebensregel

Wenn du nicht trinken darfst,
was nützt dir dann dein Leben?
Gott hat uns ja den Durst
wohl nicht umsonst gegeben!

(Um 1800)

Große Show

Heute ziehn wir ab die Show,
einmal so und einmal so,
einmal links und einmal rechts,
das ist doch weiß Gott nix Schlecht's!
Wer den größten Stiefel, Mann,
hier und heut vertragen kann,
kommt als Sieger aufs Podest,
wenn er sich noch tragen lässt.
Aufrecht stehen muss er nicht.
Wenn er lallt, nicht deutlich spricht,
macht das nichts. Bei jeder Show
geht's mal so und auch mal so.
Aber Sieger bleibt der Mann,
der am meisten saufen kann.

Einsicht

Gibt's wieder mal 'ne Sause,
dann saufen wir – und wie!
Dein Auto lässt du zu Hause,
wie könntest du's lenken, wie?
Wenn Polizisten winken,
ständ'st blöd vis-à-vis.
Mit Fahne dürfen wir trinken,
doch fahren dürfen wir nie.
Wohl bekomm's!

Liebe Freunde,
so ist das Leben!
Wir wollen's genießen,
wenn Rosen sprießen,
zu jeder Zeit.
In Freud und Leid
soll's durstige Kehlen geben.
So ist es eben.
So ist das Leben!
Wir lassen von diesem
uns gar nix vermiesen.
Wir sind immer heiter
und saufen weiter
in West und Ost.
Prost!

Seemanns-Trost

Die Erde ist ein Narrenschiff
mit vielen Passagieren,
wir schaukeln flink von Riff zu Riff,
da kann so viel passieren.
Der eine schwankt, der andere spuckt
und der ist nicht im Bild
und mancher wird hinweggeschluckt,
als wär's die Insel Sylt.
Auch die wird einmal untergehn,
da kannst du fast nix machen.
Wir werden uns beim Teufel sehn
und das ist nicht zum Lachen.
Heut sind wir voll, doch voller Mut,
und stolpern auf der Treppe.
Wir schlucken und wir saufen gut,
nach jeder Ebbe kommt die Flut
und nach der Flut ist Ebbe.
Gluck, gluck! – Weg war er.

Das Leben ist schön

He, das Leben ist schön!
Und soll so weitergehen,
immer lustig, immer froh
wie die Oma auf dem Klo,
die in ihrer Bibel liest
und dabei die Zeit vergisst.

Immer durstig

Als Kind bin ich in den Brunnen gefallen,
in einen Brunnen mit Wein,
da hab ich den ersten Schluck getan,
ich schluckte ziemlich viel ein.
Nach solch einem Brunnen sehne ich mich
noch heute, es ist mir Wurst,
wie viel ich hineinschlotze sicherlich,
denn ich habe noch immer Durst.
Das kommt, ich bin in den Brunnen gefallen,
als ich noch winzig war,
da lernt ich das Runterschlucken vor allem
und schluck nun schon (fünfzig) Jahr.
Auf euer Wohl!

Es läuft

Es schickt uns das Leben oft Pannen gehäuft,
doch im Glas ist ein Mittel, das Balsam träuft.
Drum genießt es! Ganz ruhig, ihr Freunde:
Es läuft!

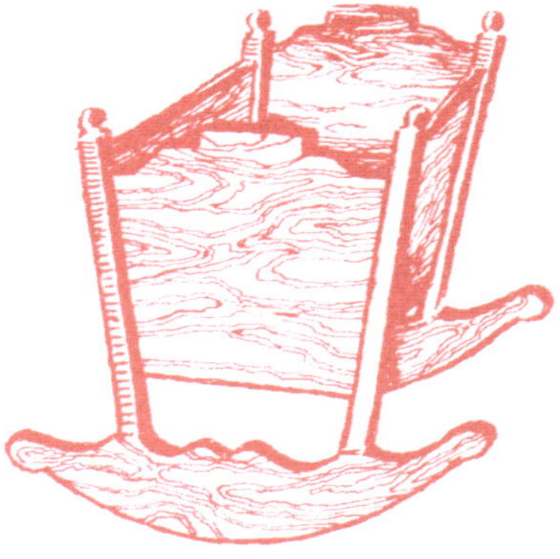

Fröhlich gesoffen

*Als ein armer Eheknecht
geht es dir im Leben schlecht,
macht der Ehstand dir und mir
selten oder nie Pläsier.
Ach, dein Dasein ist sehr schwer,
bist du nur ein Handwerker
und als Sklave oder Kuli
landest du meist nur im Gully.
Selbst als Kommunalarbeiter
ist das Leben nicht nur heiter
und den größten Hurenbock
friert es noch im warmen Rock.
Nur der Säufer lallend spricht:
»Alles dies betrifft mich nicht!«,
fühlt sich wohl und fühlt sich warm.
Mit der Buddel unterm Arm
denkt er sich, er wär der King,
und ist immer guter Ding.
Drum lob ich mir diesen Mann,
folg ihm nach, so gut ich kann,
bin vergnügt, was fast nix kost't,
und sag grinsend: Sauft nur!
Prost.*

Zum Teufel mit den Sorgen

*Der Zeitgeist wird's schon richten,
so sagt man im Verein.
Ich kann heut nicht mehr dichten,
drum lass ich's lieber sein.
Den Schlund hab ich noch lang nicht voll
und weiß nicht, was ich sagen soll.
Der Durst ist viel zu stark,
ringsum ist alles Quark.
Vor Hunger schrein die Kinderlein
und auch mein böses Weib wird schrein,
wenn ich nach Hause kumm.
Drum nehmt es mir nicht krumm,
wenn ich mein Glas erhebe
und ruf: Mensch, lebe, lebe!
Vergiss die schlimmen Sachen.
Der Zeitgeist wird's schon machen
und all die dummen Sorgen,
die haben Zeit bis morgen.
Mein Wahlspruch lautet: Hebt das Glas
und wünscht euch alle selber was.
Die Sorgen, bitte schön,
die sollen zum Teufel gehn.
Prosit!*

Was Dichter vom Trinken reimten

Trinken!, sang Anakreon.
Trinken!, sang Horaz.
Darum trink, o Musensohn,
denn die Vorwelt tat's.

Johann Christoph Friedrich Haug
(1761–1829)
Textdichter

Anakreon: griechischer Dichter des 6. Jhs. v. Chr.
Horaz: römischer Dichter (um 65–8 v. Chr.)

Füllt mir das Trinkhorn!
Reicht es herum.
Trinken macht weise,
fasten macht dumm.

Ob ich morgen leben werde,
weiß ich freilich nicht;
aber, wenn ich morgen lebe,
dass ich morgen trinken werde,
weiß ich ganz gewiss.

Gotthold Ephraim Lessing
(1729–1781)

Keiner weiß, zu welcher Stunde
welchen Wegs er geht von hier;
drum bis dahin froh im Bunde
trinken, lieben, leben wir!

Im Winter trink ich und singe Lieder
aus Freude, dass der Frühling nah ist;
und kommt der Frühling, trink ich wieder
aus Freude, dass er endlich da ist.

Friedrich von Bodenstedt
(1819–1892)
Schriftsteller des
Münchner Dichterkreises

Durch Trinken loben wir den Wein
und schönen Mund durch Küssen.
Was könnt auch wohl beredter sein,
als so verstummen müssen?

Paul Heyse
(1830–1914)

Trinke nie ein Glas zu wenig,
denn kein Pfaffe oder König
kann von diesem Staatsverbrechen
deine Seele ledig sprechen.
Lieber eins zu viel getrunken,
etwas schwer ins Bett gesunken
und darauf in stiller Kammer
Buße tun im Katzenjammer!

Friedrich Hornfeck
(um 1855)
Autor von Trinkliedern

Trunken müssen wir alle sein!
Jugend ist Trunkenheit ohne Wein;
trinkt sich das Alter wieder zur Jugend,
so ist es wundervolle Tugend.

Johann Wolfgang von Goethe
(1749–1832)

Wo man nicht trinken kann,
soll man nicht lieben.
Doch sollt ihr Trinker euch
nicht besser dünken:
Wenn man nicht lieben kann,
soll man nicht trinken.

Nach Johann Wolfgang von Goethe
(1749–1832)

Trinkt, trinkt, trinkt,
trinkt, ihr unverdrossenen Brüder
eures Lebens Sorgen nieder.
Singt, singt, singt,
singt darunter frohe Lieder,
trinkt darauf und singt dann wieder!

Christian Felix Weiße
(1726–1804)
Deutscher Dramatiker
und Komödiendichter

Das Leben gleicht dem Traume,
so sagen die Weisen. Wohlan!
Schon will es mich selber so dünken.
Zum Glase! Zum Glase! Wir trinken;
weit herrlicher träumt es sich dann.

Anton von Halem
(um 1790)
Textdichter

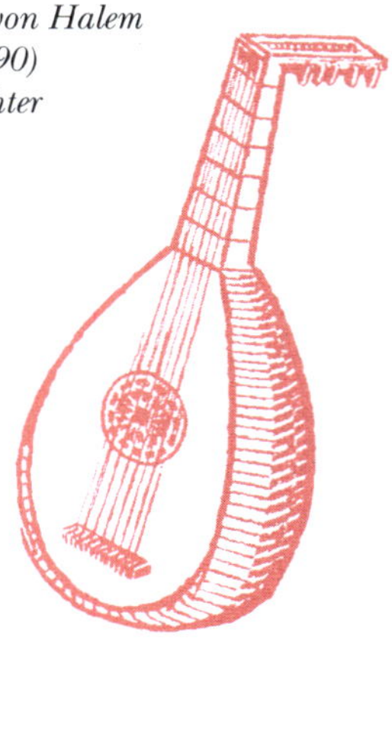

Wirtshaussprüche

An und in alten Wirtshäusern findet man noch heute zahlreiche Sprüche, die den Gast willkommen heißen, ihn meistens aber auch gleichzeitig auffordern, seine Zeche zu zahlen und nichts schuldig zu bleiben. Eine Auswahl dieser weit verbreiteten Reime soll hier folgen.

Komm herein, du lieber Gast,
wenn du Geld im Beutel hast.
Hast du was, so setz dich nieder,
hast du keins, so geh gleich wieder.

Es freut sich stets der Wandersmann,
trifft er ein gutes Wirtshaus an.
Wo Wirt und Wirtin freundlich sein,
kehrt er am allerliebsten ein.

Schmeckt der Wein, so zahl ihn auch
wie es gewesen alter Brauch.
Hast du kein Geld, so lass ihn stehen
und lass das Saufen dir vergehen.

Winkt dir goldner Wein im Becher,
greife zu und trinke frisch,
aber nicht mit jedem Zecher
setze dich an einen Tisch.

Mein Freund, ich bitte dich,
verschone mich mit borgen,
es ist nicht gut für dich
und mir macht es nur Sorgen.
Mir fällt das Leihen schwer
und dir ist's kein Gefallen;
wenn ich mein Geld begehr,
so quält dich das Bezahlen.
Drum will ich künftighin
das Borgen unterlassen.
Willst du in deinem Sinn
mich etwa darum hassen,
so denk ich, besser ist
des Freundes erster Zorn,
als mit der Freundschaft auch
mein gutes Geld verlor'n.

Aus der Schweiz

Wunsch

Die Jahre schnell vorüberziehn,
du aber, Freund, sollst ewig
blühn!

Dem Gastwirt zum Jubiläum

Hier zu deinem Ehrentage
wird manch Aug vor Rührung nass,
heut ist heute ohne Frage,
sieh die große Menschenmass!
Lasse dir zum Angedenken
diesen vollen Becher weihn,
dich nach Würden zu beschenken,
sollt er freilich wucht'ger sein.
Tausend Glück und tausend Segen
wünschen wir zu deinen Wegen,
rufen Rührungstränen voll:
Lebe hoch und immer wohl!

Nach dem Buch »Biedermeier«
(19. Jahrhundert)

Die Gäste haben sich stets
so zu verhalten,
dass der Wirt sich wohl fühlt.
Prost!

Wenn ein neuer Gast kommt

Hallo, Freunde, er ist da,
unser alter Stecher
und wir schreien laut: Hurra!
Heben unseren Becher,
trinken auf den braven Mann,
der uns Vorbild bleiben kann.
Hallo, alter Stecher!

Richte dich nach deiner Tasche,
aber nicht nach meiner Flasche.

Ein froher Gast
ist keine Last

Wer ständig spricht von seinen Sorgen,
wer anders heut ist, anders morgen,
wer immer tadelt, wo er kann
und hält sich für den ersten Mann
und ist nicht mit den Jungen jung,
für solchen – hab ich keinen Trunk.

Nimm nichts mit, was mein ist
und lass nichts da, was dein ist.

Trink, aber sauf nicht;
disputier, aber rauf nicht!

Wer hier zu dieser Tür eingeht
und ist ein frommer Gast,
der ist dem Wirte angenehm
und fällt ihm nicht zur Last.
Wer aber geht und zahlet nicht
und lässt auch nichts zum Pfand,
der macht dem Wirt Verdrießlichkeit;
solch Gast ist eine Schand.

Dem Jubilar

(auch als Geburtstagstoast zu verwenden)

Vor so und so viel Jahren
kamst du auf die Welt gefahren,
kamst geschwommen wie ein Hecht,
hattest Beine wie ein Specht,
machtest deine Windeln voll,
aber trotzdem bist du toll.
Wir lieben dich, du zartes Wesen,
wie einen alten Reisstrohbesen.
Prost!

Stammbuchparodie

Grüß Gott!
Tritt ein,
bring Glück herein.

Hier kannst du speisen wie ein König!
Bezahle gleich, es kost't nur wenig.
Sei froh gelaunt und niemals faul:
Trink aus! Ansonsten – halt dein Maul.

Suup di duhn un frätt die dick,
doch holl din Muul vun Politik!

Der ist mir ein lieber Gast,
der mir sagt, was ihm nicht passt.
Bist zufrieden du: Geh wandern
und erzähle es den andern.

Freundlich steht mein Haus dir offen,
wo die bunten Fahnen winken.
Lieber Gast, hier darfst du trinken.
Aber – es wird nicht gesoffen.

Gäste sind hier stets willkommen,
hier wird keiner ausgenommen,
hier darf, ohne sich zu schämen,
jeder sich als Mensch benehmen
und darf's sein, wie's ihm gefallt:
Groß und Klein und Jung und Alt.

Lob der Familie und Freunde

Und siehe da, im trauten Kreis
sitzt Jüngling, Mann und Jubelgreis
und jeder hebt an seinen Mund
ein Hohlgefäß, das meistens rund,
um draus in ziemlich kurzer Zeit
die drin enthaltne Flüssigkeit
mit Lust und freudigem Bemühn
zu saugen und herauszuziehn.

Wilhelm Busch (1832–1908)

Von der Wiege bis zur Bahre gibt es immer wieder reichlich Gelegenheiten, ein festliches Ereignis mit einem Trinkspruch zu krönen, sei es nun die Geburt eines Stammhalters, die Kommunion oder Konfirmation des Nachwuchses, das Ende der Schulzeit oder der Beginn des Erwachsenseins. Mit der Volljährigkeit darf der Beglückwünschte, auf dessen Wohl angestoßen wurde, dann selbst mittrinken. Meistens ist der erste Anlass – paradoxerweise – die bestandene Fahrprüfung. Der Führerschein macht das Kind zum Manne bzw. zur jungen Frau. Bestandene Examen führen sehr schnell zu Verlobung und Hochzeit. Ein eigener Hausstand wird gegründet, und wie Perlen an einer Schnur reihen sich die Hochzeitstage aneinander. Es werden (wieder) Kindstaufen begossen, Geburts- und Namenstage gefeiert, zwischendurch ein Jubiläum, bis dann irgendwann zwischen Silberhochzeit und goldener Hochzeit die Pensionierung ansteht. Selbst Verstorbenen wird beim Leichenschmaus mit einem Gläschen gedacht. Anlass zum Anstoßen findet sich also genug. Wer feiert oder gefeiert wird, ist niemals einsam. Das Gefühl, geschätzt und nicht vergessen zu werden, ist für jeden Menschen wichtig. Die österreichische Schriftstellerin Vera Ferra-Mikura (1923–1997) hat es humorvoll formuliert:

»Was flüstert die leere Bierdose am Waldesrand?
›Vergissmeinnicht!‹, ruft sie so zart.
Vergessen sein ist gar zu hart!«

Trinken wir auf ein fröhliches, geselliges Beisammensein.

Ein älterer Freund gratuliert der Hausfrau zum runden Geburtstag

Wer vielleicht glaubt, sie wird heut vierzig,
dem muss ich's sagen jetzt, der irrt sich.
Du, (Lisa), hast das halbe Hundert
heut voll und mancher schaut verwundert,
weil du so jung und wohl erhalten
ein Vorbild bist den »jungen Alten«.
Wir wünschen dir in dieser Stunde:
Bleib weiter eine kerngesunde
nette Person, lieb alles Gute
und schaffe froh als resolute
Hausfrau und Mutter, aber auch
steh fest im Leben, wie's so Brauch,
mit beiden Beinen auf der Erde.
Dass alles ständig besser werde
mit Kindern, Gatten und Arbeit,
das wünschen wir dir allezeit
und nicht nur heut, du Gute:
Salute!

Kummer, sei lahm! Sorge, sei blind!
Es lebe das Geburtstagskind.

40 – na und?
Wir trinken uns jung!

Liebe Freunde, lasst uns eben
alle unser Glas erheben,
denn der (Dirk), die gute Haut
wird heut 50! Ei, da schaut
ihr im Kreise hier betroffen.
Was? Schon solch ein alter Knochen.
Quatsch! Im Herz hat er beschlossen,
jung bleibt er noch tausend Wochen
quietschfidel und jung und würzig
mindestens – wie 49!
49 auf mein Wort.
Hebt die Gläser und spült's fort!

Theodor Fontane
(1819–1898)
Deutscher Schriftsteller
des Realismus

Ein Prosit dem Geburtstagskind.
Die Jahre eilen wie der Wind.
Wir stoßen an und wünschen heut:
Noch viele Jahr ohne Leid!
Zum heutigen Geburtstagsfeste
von Herzen nur das Allerbeste.
Prosit!

Volkstümlich

Dank für den Führerschein

Dank, ihr Leute,
sag ich heute,
die ihr mich
zum Führerschein
deckt mit guten Wünschen ein.
Dank! Die Wünsche
kann ich brauchen,
denn der Motor
tut schon schmauchen
und der Wagen
will nicht laufen.
Will's der Teufel,
dass ich verzweifel?
Nein! Nein! Nein!
Heute begießen wir
meinen Führerschein!

Zu einem Toast sollt es mich drängen?
Das ist kein Grund sich aufzuhängen,
wenn jemand muntere 50 wird
wie hier im Kreis. Oder hab ich mich g'irrt?
So wie sie ausschaut, knackig würzig,
geht sie glatt durch mit 45.
Doch sollt sie schon etwas älter sein,
so ist selbst das nicht hundsgemein.
50 wird man nicht alle Tage
und wir kommen wieder – keine Frage! –
Jahr um Jahr zur selben Frist
bis unsere (Marianne) 100 ist.

Gratulation

Von nah und ferne
dieser Wunsch:
Glückliche Sterne
und guten Punsch!

Theodor Fontane
(1819–1898)

Junggesellenabschied

(Zwei Mustergedichte zum Abändern und Umdichten)

Ein guter Freund will uns verlassen,
wir andern können's noch nicht fassen,
doch ist es wahr, der (Ricky) geht,
er wird in den Hafen der Ehe geweht.
Schon (über-)morgen ist es so weit
und was da geplant ist, das nennt man Hochzeit.
Er hat einen Schatz fürs Leben gefunden
und verbringt mit der Holden die wertvollsten Stunden.
Im Fangnetz der Liebe, da wurde er gut
weich geklopft und ganz klein – mit Hut.
Jetzt kriecht er zu Kreuze und schwört – ganz klein! –
seinem Frauchen für immer ganz treu zu sein.
Allein die Treue ist noch nicht genug,
denn die Ehe ist – lebenslang – Freiheitsentzug.
Wohl bekomm's!

(Marko), unser Frauenheld,
verlässt die Junggesellenwelt.
Bei Damen war er stets ein Engel,
doch war ihm ehrlich zu trauen, dem Bengel?
Durch die halbe Welt ist er schon gezogen
und einmal sogar nach (Australien) geflogen.
Doch überall hielt er's nicht lange aus,
es zog ihn unwiderstehlich nach Haus.
Dort wartete (Sandra), das liebliche Weib.
Für ihn war's der schönste Zeitvertreib
mit ihr zusammen zur Disko zu gehen
und sich beim Lambada und Tango zu drehen.
Doch hinterher zog es ihn brav nach Haus,
er schaute nach keiner Jungfer mehr aus
und ehrlich, es fiel ihm wohl gar nicht so schwer,
es gibt heut ja fast keine Jungfrauen mehr!
Oh, nur noch auf (Sandra) war er heiß,
für sie ist er nun – der große Preis.
Wir können ihm nur noch zum Abschied winken.
In fröhlicher Runde wollen wir trinken,
bis wir im Alkohol versinken.
Prösterchen!

Auf das Geburtstagskind

*So jung wie heut
sind wir nie wieder,
drum setzt nicht gleich
den Maßkrug nieder.
Flink, führt zum Mund ihn,
trinkt geschwind.
Zum Wohl!
Auf das Geburtstags-
kind!*

Was wir dem Paar wünschen

*Heute reichten sich die Hand
zum lebenslangen Eheband
die (Manuela) und ihr Franz,
anschließend geht's dann auf zum Tanz.
Auf dieser Hochzeit sollten sein
ein gutes Festmahl, Bier und Wein.
Wir werden gleich von allen diesen
Leckereien gern genießen
und wünschen dem Paar fürs ganze Leben
Geld, Gesundheit und Gottes Segen
und – ganz wichtig – obendrein
mindestens acht Kinderlein!
Darauf lasst uns anstoßen.*

Aufforderung

*Alle hoffen wir doch sehr,
dass im nächsten Jahr nicht mehr
bleibt die Kinderwiege leer.
Lieber (Mike), zeig dich anstellig,
sonst wird ein Fass Starkbier fällig.
Sehn in einem Jahr wir nach
und nichts klappert auf dem Dach,
schreit in zarten Windelein
im Hause dann kein Kinderlein,
dann musst du zahlen allerlei
und halten uns mit Freibier frei.
Doch gibt's ein Baby, wonnigfroh,
dann kommt das Freibier sowieso
zu unserm Wohl!*

*Wir wünschen Segen, wünschen Glück!
Denkt an diesen Tag zurück,
wenn einmal Sorgen winken.
Jetzt aber – lasst uns trinken.*

Der Ehefrau zum Hochzeitstag

Es scheide nicht der heutige Tag
ohn diesen Freudenruf,
wird er lebendig in mir wach,
war's Liebe, die ihn schuf.
Du bist mein braves, treues Weib
und dein gedenk ich stets.
Es spricht mein Herz: O Teure, bleib
mir immer so, dann geht's.
Mag immerhin die ganze Welt
nicht sein, so wie sie soll –
ich füge mich; die Lieb erhält
das Maß des Glücks mir voll.
Kannst du dir selber eingestehen:
Ich hab Zufriedenheit!
– dann sollst du meine Freunde sehen
und meine Dankbarkeit.
Nicht eitle Worte spricht mein Mund,
o Teure, nur die Tat,
sie gebe deinem Herzen kund,
was ich von Gott erbat.
Denn was der Himmel mir geschenkt,
bewahr ich heilig doch;
du bist's, die meine Seele denkt,
du Teure: Lebe hoch!

Aus dem 19. Jahrhundert

Dem jungen Vater am Stammtisch

Achtung, Leut! In dieser Stunde
trat er ein in unsre Runde
selig, voller Vaterfreude
und wir gratulieren heute.
Ja, wir gratulieren herzlich
und empfinden es als schmerzlich,
dass noch keinen ausgegeben
hat der Papa. So ist's eben,
glaubt man sich als Hans im Glück,
denkt man jeden Augenblick
wie man gut sich fühlt als Vater
und will eben kein Theater,
dünkt sich reicher als die Fürsten
und merkt nicht, wenn Freunde dürsten.
Dass vom Übel wir genesen,
stellt uns Weißbier auf den Tresen.
Was könnte es noch Schönres geben?
Der süße kleine Prinz soll leben
und ebenso sein Vater!
Von einem Bier – gibt's keinen Kater.
Stoßt an!

Die Heirat ist ein Vogelhaus,
wer einmal drin ist, kommt nicht mehr heraus.
Bei euch wird's umgekehrt nicht sein,
ihr bleibt für immer da herein
und wollt auf ewig selig sein!
Viel Glück für die nächsten (20) Jahre!
Aus Österreich

Stilles Grauen

Vater werden ist nicht schwer,
Vater sein dagegen sehr.
Ersteres wird gern geübt,
weil es allgemein beliebt.
Selbst der Lasterhafte zeigt,
dass er gar nicht abgeneigt;
nur er will mit seinen Sünden
keinen guten Zweck verbinden,
sondern, wenn die Kosten kommen,
fühlet er sich angstbeklommen.
Dieserhalb besonders scheut
er die fromme Geistlichkeit,
denn ihm sagt ein stilles Grauen:
Das sind Leute, welche trauen.
Wohl bekomm's!

Nach Wilhelm Busch
(1832–1908)

Um Gehör für meinen Spruch
möcht ich höflich bitten;
gehen Scherben mal zu Bruch,
sind sie nicht zu kitten.
Doch hat sich, ich sag's vergnügt,
mancherlei auch fest gefügt.
Fest gefügt sein, nie entzwei
gehen soll der Bund,
der geschlossen heut in Treu,
ewig halten und
stets gesegnet soll er sein.
Stimmt in meinen Ruf mit ein:
Das Brautpaar soll gesegnet sein!
Und darauf trinken wir jetzt ein'n.

Die gute Schwiegermutter

Eine gute Schwiegermutter
ist wie echte gute Butter,
nicht wie Streichfett, ranz'ges Schmalz.
An der Suppe ist sie's Salz:

Eine Prise, nie zu viel,
denn sie hat Geschmack und Stil.
Wie zum Sommer das Gewitter,
wie zur Ernte einst der Schnitter,
wie zum Frühling Fliederpracht,
wie die Lieb zur Maiennacht,
wie zum Herbst das Gänseschlachten,
wie die Tanne zu Weihnachten,
wie zum Zoo der Kakadu,
so gehört sie stets dazu
unsere liebe Schwiegermutter,
hilfreich, selbstlos, gut im Futter,
immer fröhlich und zufrieden
hat sie uns noch nie gemieden,
wenn sie sich – nie ernst beleidigt –
gegen unseren Spott verteidigt.
Darum ruf ich heut ihr zu:
Schwiegermama, glaub es, du
bist ein Schatz uns noch und noch
Allen Schwiegermüttern: Hoch!

Ewig jung!

Wieder bist du ein Jahr älter,
doch du hast den richtigen Schwung.
Werden auch die Glieder kälter,
unser aller Herz bleibt jung.
Zum Wohl! Auf das Geburtstagskind.

Ich stoß auf euer Wohlsein an!

'ne kesse Sohle aufs Parkett
zum heut'gen Tage wäre nett.
Dazu noch Braten, guter Wein,
gemütliches Beisammensein,
ein bisschen Träumen, Rückschauhalten,
das wär wohl recht für euch zwei »Alten«.
Nein, alt seid ihr noch lange nicht,
ihr tut noch beide eure Pflicht,
seid fit und haltet euch gerade.
Zum Rasten seid ihr viel zu schade
trotz runde 50 als Frau und Mann.
Ich stoß auf euer Wohlsein an!

Einer Internet-Surferin

Du surfst so gern im Internet
vom Nordkap bis nach Essen,
gehst erst nach Mitternacht ins Bett
und hast (beinah!) deinen Geburtstag vergessen.
Wir aber sind zum Feiern hier,
du wirst uns drum nicht lynchen,
wir surfen nicht, wir trinken Bier –
von Husum bis nach München!
Ich hoff wir stören nicht; ich wett
es wird dich nicht verletzen:
Wir alle fänden es internett,
würdst du dich (mal wieder) mit uns vernetzen.
Auf gute Verbindung! Wir trinken auf dein Wohl!

Zum Geburtstag

So viel in deinem Namen Buchstaben,
so oft sollst du dich mit einem Gläslein laben.

Alter Spruch

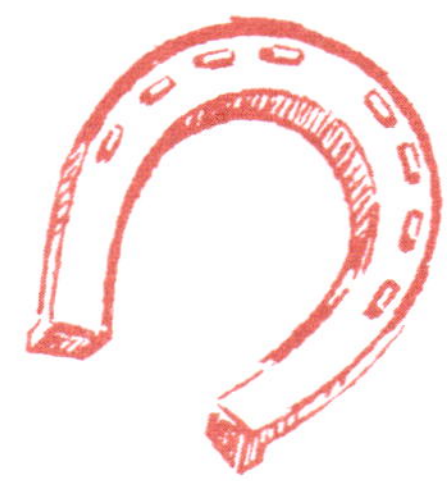

Dem stolzen Papa

Der (Michael) ist junger Vater,
das weiß die ganze Bande,
denn Vater werden ist nicht schwer
und niemals eine Schande.
Der stolze Vater lebe hoch,
so schallt's aus aller Munde.
Drauf wolln wir trinken noch und noch
in dieser frohen Runde.
Ein süßes Baby muss man taufen,
was allen nutzt und frommt.
Dann schaun wir mal aufs nächste Baby,
auch wenn allein vom Schaun keins kommt.
Prosit!

Ein dreifach Hoch dem Jubilar!
Der (Opa) wird heut 60 Jahr.
Wir lieben ihn und wünschen noch
ihm weitere »60«!
Hoch! – Vivat, hoch!

Auf das Brautpaar

Kaum zu glauben, aber wahr:
Heute werdet ihr ein Paar!
Muss ich gleich die Braut mal fragen,
vielleicht kann sie uns es sagen,
warum gerade er es war,
den sie führte zum Altar.
Oder war es umgekehrt?
Nun, auch ihm war's nicht verwehrt.
Warum aber hat von allen
er ihr ganz allein gefallen?
Dabei hätt sie haben können,
so wie wir die (Sonja) kennen,
wohl an jedem Finger zehn.
Was ist Seltsames geschehn,
dass sie stets bei ihm geblieben?
(Sonja) sagt: »Weil wir uns lieben!«
Darauf trinken wir, nicht wahr?
Vivat! Hoch das junge Paar!

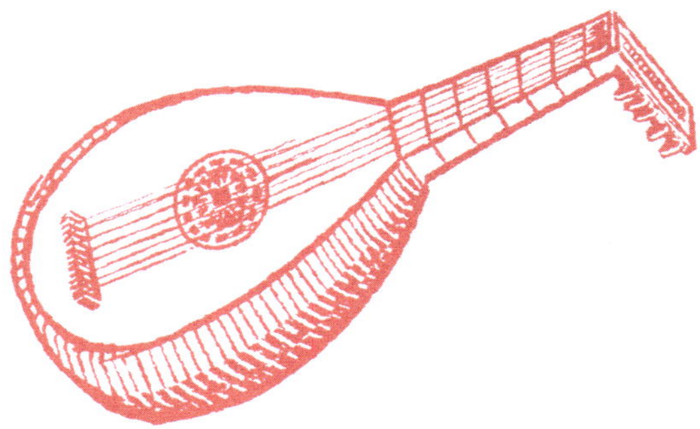

Am Geburtstag eines alten Mannes

Geburtstag, sei uns willkommen
und fröhlich wollen wir sein,
das habn wir uns vorgenommen.
Wir trinken Wein
und trinken Wein
und singen Lieder.
Geburtstag, komm doch noch
sehr oft wieder!

Nach Matthias Claudius
(1740–1815)
Deutscher Dichter

Wir hatten dir einen
Geburtstagskuchen versprochen,
doch der wär unter der Last
der Kerzen zusammengebrochen!
Und wachsen dir auch
längst die grauen Haare:
Zum Wohl –
auf die nächsten 60 Jahre.

Lob der Mama

Eins-zwei-drei-vier,
Papa kriegt heut nicht sein Bier.
Ganz allein soll Mama trinken,
soll ihm in die Arme sinken;
wenn die Stern am Himmel stehn
werden wir nach Hause gehn,
vorher aber singen wir noch:
Unsre Mama lebe hoch!
Hoch! Hoch! Hoch!

Zum Wiegenfest

Ihren 20. Geburtstag feiert heute (Tanja Großkopf) in (Ebenstedt). Gesund und munter geht sie ihrem Hobby, dem Topflappenhäkeln, nach und erfreut sich, auch geistig noch voll auf der Höhe, der allerbesten Gesundheit. Wir gratulieren und stoßen an!

Ein Vorschlag zum Erweitern
und Umdichten!

Ihr seid nun eins, ihr beide,
und wir sind mit euch eins,
trinkt auf der Freude Dauer
ein Glas des guten Weins.

Johann Wolfgang von Goethe
(1749–1832)

Toast in Reimen

Ich rede zu euch
aus innerem Triebe,
es wird mir dabei
das Herz ganz weit.
Drum sag ich euch allen:
Es lebe die Liebe!
Doch nieder mit
dem Ehestreit.

Eintracht und ewige
Freundschaft sprießen,
wenn man sie pflegt
und hegt bis zuletzt.
Das wollen wir heut
mit Champagner begießen.
Erhebt eure Gläser
jetzt!

Onkels Geburtstag

Wer noch einen Onkel hat
auf dem Lande, in der Stadt,
nutzt es, wird er ein Jahr älter,
um mit Wein, doch nicht mit Selt
wasser ihm zu gratulieren
und mit artigen Manieren
außerdem zu rufen noch:
Vivat, Onkel! Er lebe hoch.

Sehr frei getextet
nach Wilhelm Busch
(1832–1908)

(Chantal Nebberich) in der (Wiener Ringstraße) feiert heute in geistiger Regsamkeit und bei guter Gesundheit ihren 30. Geburtstag. Sie kann trotz ihres hohen Alters noch leichte Arbeiten verrichten, nimmt regen Anteil am Tagesgeschehen und liest noch regelmäßig die Zeitung. Wir wünschen ihr weiterhin einen erfüllten Lebensabend und beschauliche Stunden im Kreise ihrer Liebsten. Prosit!

Unbekannter »Dichter«

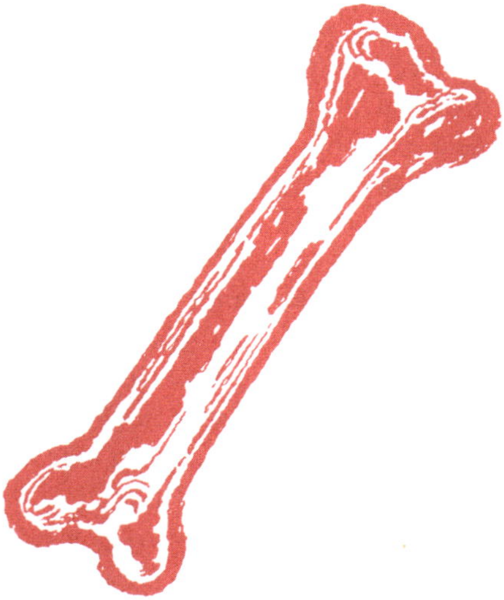

Dem munteren 60er

Wer zählt all die Jahre,
da du's bunt getrieben?
Im Herzen bist du
stets jung geblieben,
und so soll es auch
noch weiterhin sein,
trotz Reißen im Kreuzbein
und Zipperlein.

Wir trinken auf ein langes Leben!
Der Herr im Himmel soll's dir geben.

Volkstümlich

So wirst du alt

Wer nie sich ärgert, wenn's ihn rüttelt,
wen Neid und Eifersucht nicht schüttelt,
wer nicht zu üpp'ge Mahlzeit hält,
wer lächelnd dreinblickt in die Welt,
wer zärtlich zu den Damen ist
und niemals sich beim Spiel vergisst,
wer trinkt, doch nie beim Feiern lallt,
der wird mal 100 Jahre alt.
Auf das Geburtstagskind!

Zum Geburtstag in reiferen Jahren

Auch wenn man etwas älter wird,
ist das noch lang kein Zeichen,
dass man auch etwas kälter wird.
Du sollst noch viel erreichen!
Stapf weiter munter durch das Leben.

Dem Siebziger

Mein Freund! Sei auch als Siebziger
ein wahrer Mensch, ein glücklicher,
gesund an Leib und auch an Seele,
damit dir niemals etwas fehle
zu deinem Wohlsein. Die Parol:
Halt senkrecht dich,
trink – Alkohol!
Zum Wohl.

Der alte Weinstock auch
trägt Reben.
Drum wollen wir
das Glas erheben
und auf dein Wohl
jetzt – einen heben!

Wer das Glückslos zieht

Wir dürfen Ihnen heut zu Ihrem
Glückslos herzlich gratulieren!
Lieber Freund, Sie sind ein Schlimmer:
Sparsam waren Sie schon immer.
Doch nun plötzlich – Gott sei Dank –
machten Sie den großen Fang.
Glückwunsch zu dem großen »Fisch«
und ein Sektglas auf den Tisch!

Trinkspruch auf die glücklichen Eltern

Kinder sind das allerhöchste
Glück auf Erden;
möge euer Kind besonders
glücklich werden!

Volkstümlich

Am Polterabend

Eine Blume die Ehe ist,
äußerst zart, die man begießt,
dass das Pflänzchen gut gedeiht,
wächst und blüht für alle Zeit
bis in alle Ewigkeit.
Auch ihr wollt jetzt die Ehe schließen,
drum lasst uns euer Glück begießen!

Der holden Braut zu Ehren
ein volles Glas zu leeren
wird niemand mir verwehren;
auch stimmen alle fröhlich ein:
Die schöne Braut soll glücklich sein!

Volkstümlich

Einem Kommilitonen vor der Ehe

Ein gemütliches Stübel
ist gar nicht so übel,
ein Mädchen – dein Liebel –
und mehrere Kübel
voll schäumendem Bier,
dies alles hienieden
genießen in Frieden,
das wünschen wir dir!

Aus dem 19. Jahrhundert

Dem großen Bruder zur Vermählung

Heute hat mein Brüderlein
großes Hochzeitsfest
und ich will nicht traurig sein,
dass er mich verlässt.
Denn er geht nicht aus der Welt,
und mir bleibt ein Trost:
Er hat eine schöne Frau,
die ihn liebt und kost.
Na, denn Prost!

Verehrtes Paar, das fünfzig Jahre
die Freude und das Leid geteilt,
das liebreich noch im Silberhaare
gern in dem Kreis der Jugend weilt,
dir bring ich und es teilen alle
des schönen Augenblickes Lust,
mit hoch geschwungenem Pokale
ein Lebehoch aus voller Brust!

Ende des 19. Jahrhunderts

Die Ehe ist viel besser dran,
sie braucht nicht Glück – nur Zeit:
Nach fünfundzwanzig Jahren ist
sie silbern – so wie heut.
Noch fünfundzwanzig (ihr sollt sehn,
ich lad euch freundlich ein!),
so wird sie – wie jetzt silbern nur –,
so wird sie golden sein!

Nach Franz Grillparzer
(1791–1872)
Österreichischer Dichter
und Schriftsteller

Aus Liebe oder aus Vernunft zu frein?
Wie sollt das nicht dasselbe sein,
da es doch nichts so Vernünftiges gibt
als jemand zu freien, den man liebt!

Nach Paul Heyse
(1830–1914)

Dem Pensionisten

Wir wünschen für die Rentnerzeit
Glück, Liebe und Geborgenheit.
Bleib ewig, ewig frisch und jung,
behalt für immer deinen Schwung,
tu nirgendswo anecken
und lass dein Bier dir schmecken!

Zum Abschiedsschmaus!

Heute gibt es was zu spachteln,
Braten und gefüllte Wachteln,
Sahnetorten, Wein und Sekt,
denn wir haben grad entdeckt,
(Helmut) hat sich nicht geniert,
er wird heute pensioniert.
Dem Kollegen einen Toast,
recht viel Glück:
Wir sagen »Prost!«

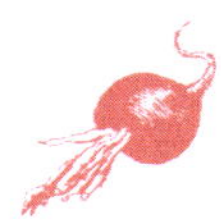

Leberreime als Trinksprüche

Bei zahlreichen Gelegenheiten und nicht ausschließlich am Polterabend können originelle Leberreime zum Besten gegeben werden wie etwa in Tanzpausen. Mit einiger Übung kann man diese kleinen Verse auch selbst erfinden und – wie beispielsweise die alpenländischen »Schnadahüpferl« – spontan vortragen. Wer sich streng an die überlieferte Regel halten will, beginnt immer mit:

»Die Leber ist nicht vom Hecht
und nicht von ...«

Um eine großzügigere Reimvielfalt zu erhalten, können alle anderen Tiere die Hechtleber ersetzen; das gibt den Reimen noch mehr Spritzigkeit.

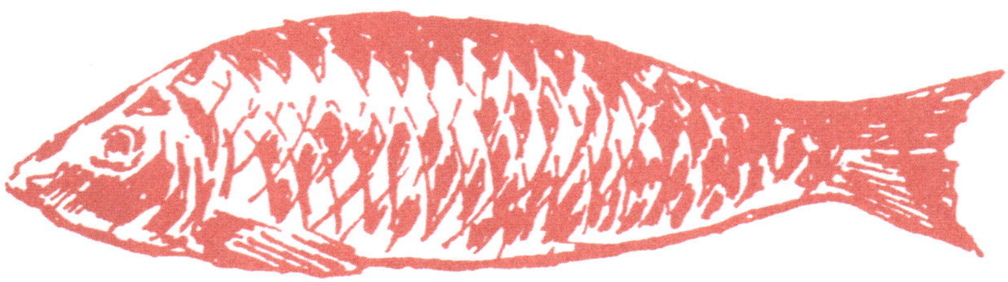

Die Leber ist vom Hecht
und nicht von einem Aal.
Bei jedem, der gern zecht,
da schrumpft sie allemal.

Die Leber ist vom Hecht
und nicht von einem Bärchen.
Stoßt an! So klingt es recht.
Ein Hoch dem jungen Pärchen!

Die Leber ist vom Hai
und nicht von einem Schwein.
Ein Paar sind immer zwei,
stoßt an mit goldenem Wein!

Die Leber ist von der Termite
und nicht von einem Jaguar.
Als Gast ich einen Toast entbiete
dem jungen Hochzeitspaar.

Die Leber ist von einem Schwan
und nicht von einem Hummer;
ich hoff, es macht der Ehemann
dem Frauchen keinen Kummer.

Tages Arbeit, abends Gäste,
saure Wochen, frohe Feste!
Johann Wolfgang von Goethe

Jahresfeste

Im Laufe eines Jahres verbrauchen Sie mindestens ein Prozent Ihrer Lebenszeit. Gleichwohl wird es niemals langweilig, wenn sich Karneval und Ostern, Erntefest und Martinstag, Advent und Weihnachten, Silvester und Neujahr alle nach jeweils haargenau zwölf Monaten wiederholen, denn an jedem dieser Jahresfeste gibt es genügend Anlass zu feiern. Auch Dreikönigstag, Valentinstag, 1. Mai, Mutter- und Vatertag (an Christi Himmelfahrt), Pfingsten und Nikolausabend sind festliche Tage, für deren Gelingen wir die passenden Trinksprüche gesammelt und für Sie ausgewählt haben. Sollte dennoch das passende Sprüchlein fehlen, ist Ihr Talent gefordert, etwas selbst Gereimtes zum Besten zu geben.

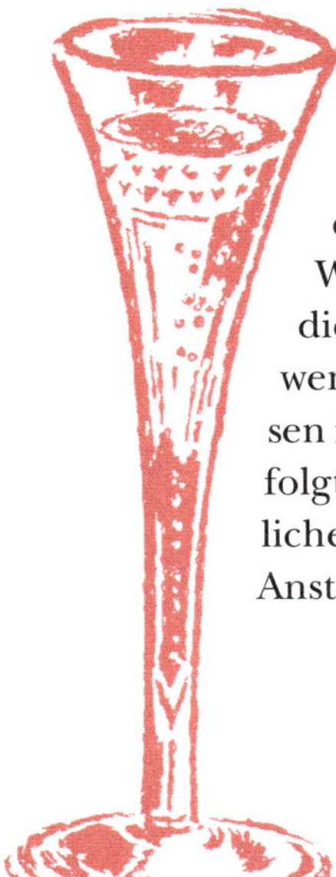

Musterverse zum Erweitern, Nachahmen oder Umdichten sind genügend vorhanden, Ihrer Phantasie und Ihrem Einfallsreichtum sind keine Grenzen gesetzt. Auch ein Vortrag in Prosa kann dabei durchaus begeistern. Man soll die Feste feiern, wie sie fallen. Wie wahr! Die Zeit eilt schnell, und die Jahre sausen dahin. Während dieser Zeit tränkt viel guter Wein unsere dürstenden Kehlen. Und wem sein kühles Bierchen schmeckt, soll sich keinesfalls ausgeschlossen fühlen. Von Januar bis Dezember gibt es viel zu feiern, eine Festivität folgt der anderen. Ob es sich dabei um einen kirchlichen oder weltlichen Anlass handelt, ist Nebensache: Einen triftigen Grund zum Anstoßen findet man immer!

Neujahrsepistel

Neugeborenes gemeines Jahr! Gnade flehend trete ich an deine Wiege, du aus Lust und Schmerz, aus Wahnsinn und Vernunft, aus Furcht und Hoffnung geborenes neues Jahr, um meine Bitten zu gnädiger Gewähr deinen Windeln unterzubreiten. Großes hast du zu erfüllen! Deine Tage sind gezählt; du weißt, was kein Fürst auf Erden weiß – wie lange du regieren, wann du abtreten, wem du das Zepter übergeben wirst. Sei also weise, damit man dein Kommen, sei gerecht, damit man dein Gehen segne. Verschone uns vor neuen Steuern, bösen Frauen, falschen Freunden und sauren Gesichtern, beschütze uns vor leeren Tischen, vor Spitzbuben und neuen Kreditinstituten, vor Krankheiten und Leiden, vor brennender Not und brennenden Fragen, vor nassen Augen und nassen Jungen, vor faulen Fischen und Schicksalsschlägen, vor Rechtsverdrehern und Mandantengebühren, vor bösartigem Geschwätz und einfältigen Abgeordneten, vor allem aber beschütze uns vor unseren Verwandten. Sei und bleibe ein gutes Jahr, auf dass wir einst fröhlich und glücklich von dir scheiden und deinen Thronfolger mit Weinen begrüßen, mit Weinen, feurig, edel, gut gegoren und gekocht von deiner Sonne, und dass wir dann den Becher austrinken bis auf die letzte Neige unter dem Jubelrufe: Prosit Neujahr!

Aus einem Kalender-Almanach des Jahres 1857

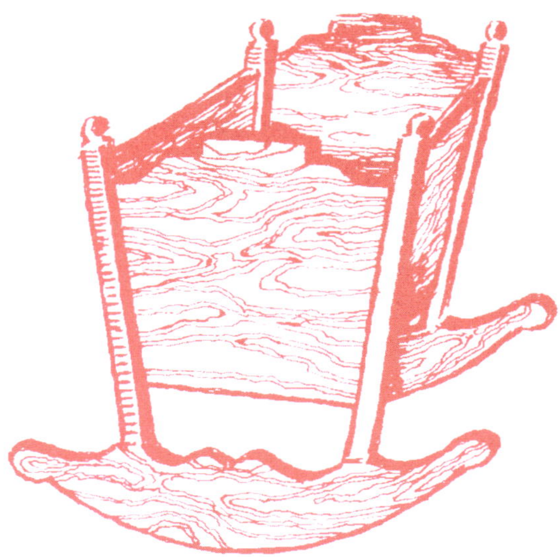

Neujahrsspruch

Ich bin ein alter Knabe
und wünsch euch, was ich kann.
Ich wünsch euch Glück und Segen,
der Höchste wird es geben.
Prost auf das neue Jahr!

Aus Baden

Toast vom Nachtwächter

Hört, ihr Leute, und lasst euch sagen,
das Jahr, das alte, hat ausgeschlagen!
Die Glocken läuten von nah und fern.
Glück und Segen, ihr werten Herrn!
Von ganzem Herzen in Gottes Namen
Heil und Freud euch, ihr lieben Damen!
Frieden im Reich! Ruhe im Städtchen!
Myrten und Rosen den schönen Mädchen!
Gesundheit dem Alter! Ruhe dem Leid!
Frohe Herzen und frohe Zeit!
Sonne am Himmel! Segen auf Erden!
Was noch nicht gut war, mög besser werden!
Was euch beglückt, mög bleiben wie's war.
Gott walt es, ihr Leute. Prosit Neujahr!

Frida Schanz
(1859–1944)
Kinderlieddichterin und Kinderbuchautorin

Neujahrsglocken

Durch den dichten Nebel hör ich ferne
flehend eine dumpfe Glocke klingen,
in den schweren silberstarren Tropfen
kahler Weidenzweige zittert leise
jenes Läuten wie ein Ahnen fort.
Tief in weiße Watte eingebettet
schläft der Fluss der nahen Nacht entgegen –
doch das unaufhörlich harte Schlagen
eines Glockenklöppels reißt ihn wach,
mahnt die traumgebundnen matten Wellen,
weckt den dämmertrunknen dunklen Kahn.
Klarer hallt der Ton, er schwillt zum Ruf
fordernd über stumm verhangenes Land:
Hol herüber, Fährmann, die dein Ufer
suchen.
Werd nicht müde, diesen Weg zu weisen.

Lenalisa Francke
(1908–1999)
Lyrikerin

Karneval der Schuhe

Zwei Cowboystiefel sagten mal,
es waren verrückte Leute:
»Wir machen einen Karneval,
denn Karneval ist heute!«
Im Schuhschrank gab es ein Gedröhn,
Galosche, Pumps, Pantoffel
und Turnschuh tanzten wunderschön
und auch noch andere Stoffel.
Ein Mokassin, ein Stöckelschuh,
die machten fast Randale,
der Slipper und der Badeschuh
beschimpften die Sandale.
Sie grölten und versöhnten sich
bei Bowle, Schnaps und Bier
und schliefen ein ganz brüderlich
am nächsten Tag um vier.
Am Abend kam der Herr nach Haus
und öffnete den Schrank,
da purzelten die Schuhe raus,
verkatert und halb krank!
Verkatert und halb krank zu sein,
das ist entsetzlich dumm,
drum trinkt im Fasching lieber Wein,
der Schnaps, der haut euch um.
Wohl bekomm's!

Zum Karneval

Wir laden ein zum Maskenball
mit Tollheit, Jux und Pfropfenknall,
es braust ein Ruf »wie Donnerhall«:
Seid närrisch, liebe Leute,
denn Karneval ist heute!
Zum großen Ball im (Bürger-)Saal
erscheinen Masken ohne Zahl,
einmal im Jahr ist Karneval.
Kommt alle zum Balle, Leute,
denn Karneval ist heute!
Musik, Tanz, Witz und Pritschenschlag.
Es komme, wer da kommen mag,
wir feiern närrisch, Leute,
denn Ka-Ka-Karneval ist – hicks! – heute.

Spruch zum Aschermittwoch

Asch abkehren, Asch abkehren!
Ich wünsche euch ein langes Leben;
ihr müsst mir aber – einen ausgeben!

Aus Sachsen

Valentintrinkspruch – aus der Ferne

Gerne käm ich zu dir hin
heute am Sankt Valentin.
Da dies leider nicht kann sein,
trinke ich ein Gläschen Wein
auf dein Wohl und denke dein!

Meinem Liebsten

Meinem liebsten Valentin
zeige ich, wie treu ich bin;
bring ihm Wein
und bring ihm Most.
Prost!

Verfasser unbekannt

Tischrede zum Fest

Mein Rednertalent ist leider zu klein,
dass mit Reden ich könnt mich befassen;
doch fällt mir ein hübsches Sprichwort ein:
»Leben und leben lassen!«
Am Worte, womit das Sprüchlein beginnt,
kann man keinen Zweifel erheben,
wir alle, die wir hier versammelt sind,
wir wissen ja alle zu leben.
Doch die zweite Hälfte, die macht mich verzagt,
an diesem Teil bleib ich kleben;
denn »Leben lassen« ist bald gesagt,
doch fragt's sich: Wen lass ich leben?
Ein jeder von uns hier ist wacker und gut
und jeder gilt mir als der Beste;
drum ergreif ich dies Glas mit Rebenblut:
Es leben hoch – alle Gäste!

Unbekannter Verfasser

Toast zum Maitanz

Meine lieben Freundinnen und Freunde, die ihr alle in der Jugend Maienblüte steht! Heute am 1. Mai haben wir uns hier zum Maitanz versammelt. Das Mailüfterl weht und es duftet nach Maiglöckchen und Maiengrün. Die Obstgärten stehen in voller Maienblüte. Da wollen wir uns mit dem süffigen Maibock stärken und zum Maitanz unter den Maibaum laden. Der Maimond erhellt die Maiennacht, wenn die Maikäfer schwirren und wir durchs Maifeuer springen. Möge uns dieser fröhliche Maitag unvergessen bleiben.
Freudig erhebe ich meinen Maipokal und rufe euch allen fröhlich zu:
Trinkt, liebe Schwestern und Brüder!
O mei, o mei!

Trinklied im Verein

Greift zum Becher und lasst das Schelten!
Die Welt ist blind.
Sie fragt, was die Menschen gelten,
nicht, was sie sind.
Uns aber lasst zechen – und krönen mit Laubgewind
die Stirnen, die noch dem Schönen ergeben sind!
Und bei Posaunenstößen,
die eitel Wind,
lasst uns lachen über Größen,
die keine sind!

Heinrich Leuthold
(1827–1879)
Schweizer Lyriker

Trinkspruch zur Wiederkehr eines Stiftungsfestes

Mit vollem Glas nach alter guter Sitte
ertön es laut aus unserer frohen Mitte:
Für heute und für lange noch
dem Stiftungsfest ein Lebehoch!

Aus dem 19. Jahrhundert

Trinkspruch auf den neu gewählten Vorstand

Wir grüßen herzlich, die an unsere Spitze
getreten sind nach allgemeiner Wahl;
der Vorstand ist ja des Vereines Stütze,
drum greifen wir für ihn jetzt zum Pokal.
Und zu des neuen Vorstands Ehren
lasst uns den edlen Rebensaft
bis auf den letzten Tropfen leeren
zum Lebehoch aus voller Kraft!

Aus dem 19. Jahrhundert

Willkommen zum Sommerfeste

Willkommen alle, Mann für Mann,
denn gleich fängt hier der Rummel an.
Willkommen den Damen nicht zuletzt
bei unserer bunten »Sommerfetz«.
Hier fetzt es zünftig, dass es schallt,
Musik hallt los – und reingeknallt,
als wären wir hier auf dem Kiez,
so laut ist's nur beim Ringelpiez,
und jeder, auch der Letzte, schnallt's,
hier geht es rund, hier gefallt's
gewisslich allen! Glaubt mir's, stoßt
nun an die Gläser und ruft: Prost!

Sommernachtsfeier

Beim Wiesenfeste um Mitternacht
wird gespeist und getrunken und
fröhlich gelacht.
Die Nachtfalter tanzen,
der Glühwurm glüht schwach,
es schunkeln die Margeriten
am Bach.
Die Grillen zirpen und
die Ameisen sind völlig betrunken
und wollen sich beißen.
Der grüne Wegerich aber, der spitze,
erzählt völlig neue Blondinenwitze,
die sind reichlich schlüpfrig und hart.
Die Witwenblume errötet ganz zart.
Doch die Ackerschnecken
lachen sich krumm.
So kriechen sie noch früh am
Morgen herum.
Prost!

Christopherstreetday

Hier in dieser Männerrunde
denken wir gern an die Stunde
als es – her ist's manches Jahr! –
unverhofft ganz anders war.
Stolz und frei und selbstbestimmt
wurden alle (wie man's nimmt!).
Auch wir lassen uns nicht lumpen.
Wir erheben unsere Humpen.
Stoßt an! – und verbrüdert euch
mit den »Bullen«. Gleich ist gleich!
Rote, weiße, schwarze, gelbe,
alle Menschen sind dasselbe.
Alle Menschen werden Brüder,
und wir singen immer wieder,
singen es in unsern Liedern,
lasst verschwestern und verbrüdern
uns vom Nordkap bis zum Pol
fern im Süden. Trinkt!
Zum Wohl!

Zur Beachparty

Lustig, lustig, trallala,
heute ist der Rummel da.
Rummel, Rummel, ringsumher
und ich glaub, ihr könnt nicht mehr?
Auf geht's, Boys! Die Hosen runter.
Bei der Party sind wir munter,
saufen, saufen wie ein Loch.
Aber lustig sind wir doch!
Lustig, lustig, trallala,
heute ist der Rummel da.
Sauft, ihr Kerle, noch und nöch
saufen, saufen wie die Löcher.
Bier und Wein, so soll es sein.
Schenkt euch noch ein Stamperl ein
Komm, du Striezi, komm, geh weiter!
Immer lustig, immer heiter:
Prost!

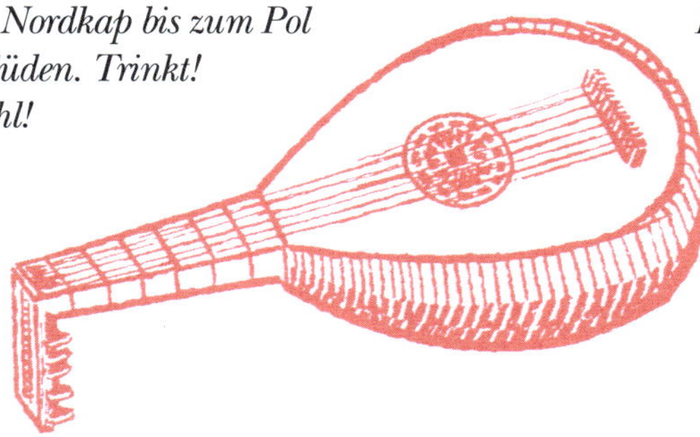

Zum Martinswein

Martinus schenkt uns guten Most
und hat dabei viel guter Kost.
Auf Martin schlachtet man ein Schwein,
auch wandelt sich der Most in Wein.
Man isst dann die gebratene Gans
und trinkt den Wein, halb oder ganz
zum Wohlsein!

Aus Hannover überliefert

Zum Vereinsfest

Es ist so wunderbar,
dass wir auch dieses Jahr
so froh beisammen sind.
Ich freu mich wie ein Kind!
Wir haben frohen Mut,
das Wetter meint es gut,
was wollen wir noch mehr,
ist noch ein Maßkrug leer?
Bier her! Bier her und:
Prosit!

Verfasser unbekannt

Toast zur Martinsgans

Wenn der heilige Sankt Martin
will der Bischofsehr entfliehn,
sitzt er in dem Gänsestall,
niemand find't ihn überall,
bis der Gänse groß Geschrei
seine Sucher ruft herbei.
Nun dieweil das Gickgackslied
diesen heiligen Mann verriet,
dafür tut am Martinstag
man den Gänsen diese Plag,
dass ein strenges Todesrecht
gehn muss über ihr Geschlecht.
Drum wir billig hielten auch
diesen alten Martinsbrauch,
luden fein zu diesem Fest
unsre allerliebsten Gäst
auf ein Martinsgänslein ein
bei Musik und kühlem Wein.

Simon Dach
(1605–1659)
Deutscher Dichter, Mitglied
des Königsberger Dichterkreises

Alter Erntedankspruch für die Herrschaft

Wir bringen unserer Herrschaft
einen Erntekranz.
Die Ernte ist geschehen ganz.
Dies Kränzchen ist gemacht
nicht von Distel und Dorn,
doch von allerlei Korn,
von Blüten und Blättern.
Der liebe Gott hat gegeben
gutes und schlechtes Wetter.
Wir wünschen unserer Herrschaft
einen gesegneten Tisch,
an allen vier Ecken Brathühner und Fisch,
in der Mitte soll sein
ein Becher mit Wein,
darin soll unsrer Herrschaft
Gesundheit drin sein.
Wohl bekomm's und:
Na, denn Prost!

Aus Schleswig-Holstein

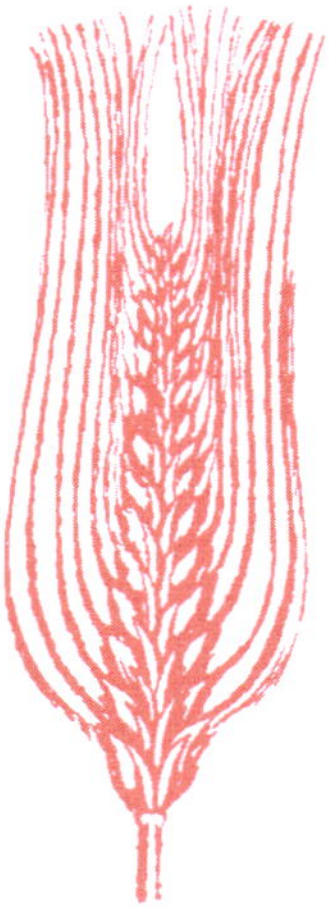

Feuchte Niklausverse

Nikolaus, du guter Mann,
klopfst an alle Türen an.
Kleine Kinder kriegen Klaps,
doch den Großen bringst du Schnaps!

Vater unser, der du bist,
wenn der Niklaus trunken ist,
wirf ihn einfach auf den Mist.
Doch wirf ihn nicht so weit,
dass er nicht so schreit.

Ruprecht, Ruprecht, Dörnerbesen,
bist du in der Stadt gewesen,
hast im Wirtshaus Rast gemacht?
Ei, das hätt ich nie gedacht!

Volkstümliche Parodien

Silvesterabend

Das alte Jahr geht nun zur Ruh
und zieht den weißen Vorhang zu,
und zeigen die Uhren auf Mitternacht,
so sei dem Neujahr ein Hoch gebracht!

Hüttenzauber

Neuschnee und Winterlüfte,
die finden wir ganz toll,
es war'n die Sessellifte
am Berghang rappelvoll.
Wir kamen hier bei Einbruch
der Nacht vergnügt zusammen
und wünschen Hals- und Beinbruch
den Pistenstürmern. Amen!
Wir trinken jetzt zum Wohle
der Ski- und Brettelhasen.
»Ski heil!« heißt die Parole
und das sind keine Phrasen.
Wir trinken auf die Freude,
nicht auf den Gipsverband.
's ist Partytime, ihr Leute,
im ganzen weißen Land.
Prost!

Punschlied

Vier Elemente
innig gesellt
bilden das Leben,
bauen die Welt.
Presst der Zitrone
saftigen Stern!
Herb ist des Lebens
innerster Kern.
Jetzt mit des Zuckers
linderndem Saft
zähmet die herbe,
brennende Kraft.
Gießet des Wassers
sprudelnden Schwall,
Wasser umfänget
ruhig das All.
Tropfen des Geistes
gießet hinein!
Leben dem Leben
gibt er allein.
Eh es verdüftet,
schöpfet er schnell!
Nur wenn er glühet,
labet der Quell.

Friedrich von Schiller
(1759–1805)
Zusammen mit Goethe wichtigster
Vertreter der deutschen Klassik

Silvesterwunsch

Des Jahres letzte Stunde
ertönt mit ernstem Schlag:
Trinkt, Brüder, in der Runde
und wünscht ihm Segen nach!
Zu jenen grauen Jahren
entfliegt es, welche waren.
Es brachte Freud und Kummer viel
und führt uns näher an das Ziel!
In stetem Wechsel kreiset
die flügelschnelle Zeit:
Sie blühet, altert, greiset
und wird Vergessenheit;
kaum stammeln dunkle Schriften
aus ihren morschen Grüften
und Schönheit, Reichtum, Ehr und Macht
sinkt mit der Zeit in öde Nacht.
Sind wir noch alle lebend,
wer heute vor dem Jahr
in Lebensfülle strebend
mit Freunden fröhlich war?
Ach, mancher ist geschieden
und liegt und schläft in Frieden!
Klingt an und wünschet Ruh hinab
in unsrer Freunde stilles Grab!
Wer weiß, wie mancher modert
ums Jahr, versenkt ins Grab!
Unangemeldet fordert
der Tod die Menschen ab.
Trotz lauem Frühlingswetter
wehn oft verwelkte Blätter;
wer von uns nachbleibt, wünscht dem Freund
im stillen Grabe Ruh und weint.
Der gute Mann nur schließet
die Augen ruhig zu;
mit frohem Traum versüßet
ihm Gott die Grabesruh.
Er schlummert leichten Schlummer
nach dieses Lebens Kummer,
dann weckt ihn Gott, von Glanz erhellt,
zur Wonne einer besseren Welt.
Auf, Brüder, frohen Mutes,
auch wenn uns Trennung droht!
Wer gut ist, findet Gutes
im Leben und im Tod.
Dort sammeln wir uns wieder
und singen Wonnelieder.
Klingt an und »gut sein immerdar!«
sei unser Wunsch zum neuen Jahr!

Johann Heinrich Voß
(1751–1826)
Deutscher Schriftsteller

Trinklied zum Jahresende

Die Erde, ein besondrer Ball,
bewegt sich wie im Tanze
und ewig kreiselnd durch das All
mit Mensch und Tier und Pflanze.
Sie braucht, so lernen wir's, ein Jahr
die Sonne zu umkreisen,
so sind wir Menschen immerdar,
sogar im Schlaf, auf Reisen.
Schwestern und Brüder, labt euch heut
an Wein und guten Gaben,
da wir den Sonnenball erneut
einmal umkreiselt haben!

James Krüss
(1926–1997)
Kinderbuchautor

Um Mitternacht

Was wollt ihr mehr?
Wir haben Glück.
Wir stiefeln heil
durch dünn und dick
und lassen's richtig krachen.
Was wollt ihr mehr?
Uns geht es gut.
Wir sind gesund,
voll Kraft und Mut.
Der Herrgott wird's schon richten.
Wir blicken auf
zum Himmelszelt;
ob uns das neue
Jahr gefällt?
Wer weiß es!
Lasst uns trinken.

Zum neuen Jahr

Was uns die Zukunft bringen mag,
sind's gute Tag', sind's schlechte Tag'?
Bringt sie uns Freude oder Qual?
Schau'n mer mal!
Eins ist gewiss: Wir trinken jetzt
auf unser Wohlsein nicht zuletzt.
Kommt's knüppeldick, wär's arg fatal,
a bisserl Glück – das wär normal.
Doch – schau'n mer mal!
Klingt an!

Prost Neujahr

Zum neuen Jahre sag ich: Prost!
Für allen Kummer einen Trost,
ein Pflästerchen für jedes Weh
wünsch ich zu diesem Jahr in spe!

Stoßt an mit Sekt!

Mit Musik und Knallerei
kommt das neue Jahr herbei.
Bringt es Freude, bringt es Glück
und Erfolg ein großes Stück?
Bringt es Armut, Not und Pein,
wird es voller Sorgen sein?
Niemand weiß es ganz genau,
ob der Himmel trüb und grau
oder ob die Sonne lacht
und ein Engel uns bewacht.
Alles, was das Jahr uns bringt,
ob die Arbeit uns gelingt,
ob die Krankheit uns verschont,
Gottes Segen uns belohnt,
ob wir ohne Schreck und Krise
glücklich überstehen diese
zwölfmal runden dreißig Tage,
das ist nun die große Frage,
während die Raketen knallen,
sprühend auf die Dächer fallen,
farbenprächtig anzuschauen.
Katzen voller Angst miauen,
wenn vorm Gasthaus ein Student
sich die Finger hier verbrennt.
Auch der Dackel nimmt reißaus
und verschwindet aus dem Haus.
Wo das dumme Tier nur steckt?
Freunde, kommt: Stoßt an mit Sekt!

Silvestertoast

Der Zeiger auf die Zwölfe fällt,
die Glocke dröhnt, der Hofhund bellt.
Da wünsch ich Glück dem Erdenkreis,
Gesundheit allen, Kind und Greis.
(Doch nicht zu viel – was red ich bloß! –
sonst werden die Ärzte arbeitslos.)
Die Kriege sollten ganz verschwinden,
viel Missgunst, Neid ist noch zu finden.
Wir haben doch nur eine Erde,
die niemals unbewohnbar werde!
Der Wunsch soll gelten, ist doch klar,
nicht ein Jahr nur, nein, tausend Jahr.
Kein Volk soll einen Krieg anzetteln.
Die Waffenhändler sollen betteln,
da spende ich gern ein paar Mark
und mach mich für den Frieden stark.
Die Fabrikanten und Verleger,
die Wohlstands- und die Weisheits-
pfleger,
die dürfen ruhig gut verdienen,
der Arbeitnehmer gönnt es ihnen.
Den Zeitungsschreibern, mit Verlaub,
sei auch ein Hoch gebracht, ich glaub
es lebe hoch im neuen Jahr
auch der, der nicht ganz koscher war.
Die guten Menschen sowieso.
Kurz: Ich wünsch ihnen allen ein
frohes Neujahr, und den Armen Trost.
Prost!

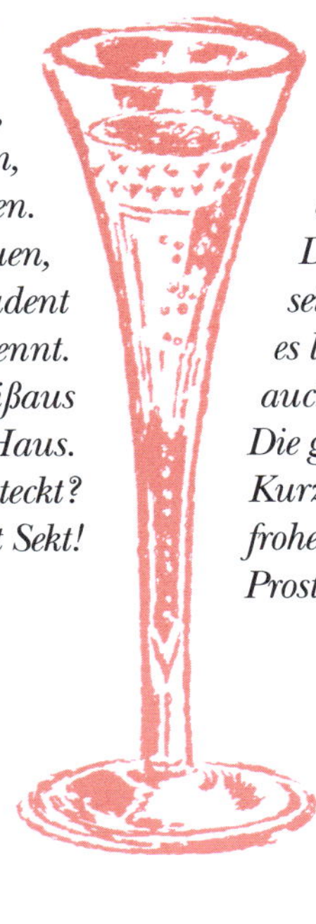

Trinksprüche für Fußballfans

Ein schlauer Zeitgenosse hat einmal formuliert, es gäbe im Umgang mit Versgut drei Arten von Menschen: Die einen würden jedes Gedicht zerpflücken, die anderen hätten ihre Freude dran, und die dritte Gruppe kennte nichts Gereimtes; das wären die meisten. Fußballfans gehören nicht zu dieser Mehrheit. Sie wissen sehr wohl, dass man seine innersten Gefühle in einem humorvollen Reim ausdrücken kann, aber dass man auch seinem Hass auf den Gegner in schnöden Versstrophen Luft machen kann. Doch auch eine siegreiche Mannschaft kann ihre Fans zu ungeahnten dichterischen Höhenflügen inspirieren, das soll unsere kleine Auswahl der originellsten Fansprüche beweisen. Sie seien hier freundlich über die Theke gereicht.

Saison vorbei, das Spiel ist aus
und heute gehen wir nach Haus
ein bisserl noch zu feiern.
Ein Hoch auf alle Bayern!

Im Denken klar,
in Worten wahr,
im Herzen rein,
so müssen echte (Freiburger) sein.

Samstag für Samstag ist es schön
unsere Spieler gewinnen zu sehn.
Das muss dem Gegner stinken.
Drauf lasst uns einen trinken!

Die (Bayern) sind die Besten
vom Osten bis nach Westen,
von der Isar bis zur Spree,
ihr Fan zu sein ist wirklich schee!

Die Mannschaft ist super,
wir lieben euch alle
von Garmisch bis Flensburg,
von Aachen bis Halle,
da sind wir uns einig
vom Enkel bis zum Opa:
Bald preist euch die Mannschaft
in ganz Europa!

Für die neue Saison
viel Glück beim Schießen,
dann können wir
den Pokal begießen!

Was wär der Himmel ohne Geigen,
was wär der Wodka ohne Feigen,
was wär die Nordsee ohne Möwen,
was wären die Münchner ohne Löwen?
Zum Wohl!

Es sprach der Boss zu seinem Verein,
nun siegt mal schön, haut kräftig rein!

Ihr seid unsere Stars,
wir sind eure Fans
ohne Aber und Wenns!
Prost!

(HSV-ler), macht so weiter,
für uns seid ihr die besten Fighter.
Auf euer Wohl!

Eine Niederlage wird es nicht geben,
drum lassen wir (unsere Schalker) hoch leben!

Auf einen kommt's besonders an:
(Olaf) ist unser bester Mann!

Ihr (Schalker) habt es gut gemacht,
sogar des Trainers Miene lacht:
Prosit!

Ist das letzte Tor geschossen,
wird der Supersieg begossen!

(Manuel) heißt unser Trainer,
stark und beinhart wie sonst keener.
Seine Jungs spielen fast besser
als die Bayern,
schon das allein ist ein Grund
zum Feiern!

Heut wird gewiss der Sieg uns winken,
drauf lasst uns schon mal einen trinken.

Sie haben wieder g'siegt, die Bayern,
und wir ha'm wieder 'nen Grund zum
Feiern.

Die Superspieler wollen wir grüßen,
denn sie stehen auf festen Füßen.
Auf festen Füßen ohne zu wanken
stehen auch wir, drum – lasst uns tanken!

Was schert uns Weib und Kind?
Hauptsach, dass (unser Verein) gewinnt!

Die (Nürnberger) sind's ehrlich wert,
dass man sie heut ganz groß ehrt.
Ihr sollt wie wilde Hengste sein
und schießt noch viele Tore rein.
Ich trink auf euch, das macht mir Spaß,
heut noch eine frische Maß.

Viele werden's kaum verstehen:
Spieler kommen, Spieler gehen,
doch die Fans sind immer da.
Sind nicht wir auch wunderbar?
Cheers!

In Giesing ist ein Sportverein
an der Grünwalder Straß,
da spielen Fußball Groß und Klein
und haben recht viel Spaß.
Prost!

Der (Daniel) raucht keine Kippe mehr,
drum schießt er los wie die Feuerwehr;
sollte er jetzt auch noch's Weißbier lassen,
wird er die Meisterschaft verpassen!

Fan-Toast

Wenn unsere Mannschaft gewonnen hat,
trinken wir auf den Sieg.
Wenn sie verloren hat, trinken wir
aus Kummer über die Niederlage.
Wenn sie aber einmal unentschieden spielt,
trinken wir in der Hoffnung,
dass es beim nächsten Mal besser wird.
Prost!

Dies alles hat, wie man berichtet,
schon mal ein andrer Typ bedichtet.
Eva Rechlin
(geb. 1928)
Romanautorin und Liedtexterin

Lob der Parodie

Das Lob des »Feuerwassers« und anderer harter Sachen haben wir mit Nonsens und Beispielen bekannter und weniger bekannter Nach- und Umdichtungen verbunden. So sollen lustige Beispiele der Toastpoesie zur Erheiterung derjenigen Leser beitragen, denen der Begriff »Alkoholproblem« ein Fremdwort ist. Mit zündenden Geistesblitzen und humorvollen Parodien wollen wir unsere Anthologie (fast) vollenden. Das Dasein leicht nehmen und die Feste gebührend feiern ist nicht das Vorrecht von Lebenskünstlern. Jedermann (und jede Frau) hat ein Recht, munteren Herzens die angenehmen und schönen Dinge des Lebens zu genießen. Trinken, lieben, lachen gehören dazu und sind für den überwiegenden Teil der Menschen keine Nebensächlichkeit. Was gibt es Besseres auf der Welt? Gesundheit und Reichtum, nun ja. Reichtum alleine macht nicht glücklich. Dessen eingedenk wollen wir noch einmal unsere Gläser heben. Diesmal nicht mit Bier oder Wein gefüllt, sondern mit den Getränken der noblen Gesellschaft, sei es Sekt oder Champagner, Whiskey, Punsch, ein edler Schnaps oder ein magenstärkender Kräuterlikör wie der im 19. Jahrhundert so beliebte »Krambambuli«. Der Nonsens treibt seltsame Blüten, wenn Hochprozentiges die grauen Zellen umspült, und durch eine Parodie lässt sich ganz unkompliziert aussprechen, was man in nüchternem Zustand niemals so gelungen spitzzüngig formuliert hätte.

Der Schriftsteller und Lyriker Hans Bethge (1876–1946) empfand es so:

»Wenn nur ein Traum das Leben ist, warum dann Müh und Plag?
Ich trinke, bis ich nicht mehr kann, den ganzen lieben Tag.«

Die Getränke sind frei!

Die Getränke sind frei,
wir woll'n einen heben!
Wer immer es sei:
Der (die) N. N. soll leben!
Man darf nicht vergessen:
Drei Bier sind ein Essen.
Drum Leber verzeih:
Die Getränke sind frei!
Die Getränke sind frei
und gut für die Nieren.
Drum kommt herbei
und lasst euch kurieren.
Die Ärzte empfehlen
für durstige Kehlen
Alkohol als Arznei.
Die Getränke sind frei.
Die Getränke sind frei,
drum lassen wir's laufen.
Da sind wir dabei
beim kostenfrei'n Saufen.
Man trinkt ohne Qualen,
man braucht nicht zu zahlen.
Es bleibet dabei:
Die Getränke sind frei.
Die Getränke sind frei.
Das Glas man mir fülle!
Heut ist es einerlei,
ich sammle Promille.
Heut spielt's keine Rolle
und bei der Kontrolle
sag ich der Polizei:
»Die Getränke war'n frei!«
Die Getränke sind frei.
»Ein Prosit!«, ihr Zecher.
Wie spät es auch sei,
lasst füll'n eure Becher
und singet voll Freude:
»Wie schön ist's doch heute,
ach, wär ich immer dabei,
wenn die Getränke sind frei.«

Verfasser unbekannt

Antwort eines Dichters

Ein trunkener Dichter leerte
sein Glas auf jeden Zug;
ihn warnte sein Gefährte:
»Hör auf! Du hast genug!«
Bereit vom Stuhl zu sinken,
sprach der: »Du bist nicht klug;
zu viel kann man wohl trinken,
doch nie trinkt man genug.«

Gotthold Ephraim Lessing
(1729–1781)

Herr Durst

Herr Durst ist ein gestrenger Mann,
der lässt sich gar nicht foppen:
Ob's Wetter gut ist oder schlecht,
er geht nicht ab von seinem Recht,
er fordert seinen Schoppen.
Drum macht's wie ich: Ich bin bereit,
sein Schöpplein ihm zu zollen.
Und lässt er mich dann nicht in Ruh,
trink ich ihm noch ein zweites zu,
dann hört er auf zu schmollen.

August Heinrich Hoffmann
von Fallersleben
(1798–1874)

In fröhlicher Runde

Alte Kameraden, die sind wir
beim Wein, beim Schnaps, bei kühlem Bier.
Wir halten in Dreiteufelsnamen
in Freud und Leiden fest zusammen.
Das größte Laster weit und breit
ist die Unkameradschaftlichkeit.
Uns kann nichts auseinander treiben,
wir werden alte Kameraden bleiben.
Prost, Kameraden! Auf Ex.

Schlunds Tod

Der Schlund ging nüchtern nachts zu Bett,
drauf hat den Geist er aufgegeben.
Wenn er sich voll gesoffen hätt,
wär er ohn Zweifel noch am Leben!

Georg Rudolf Weckherlin
(1584–1653)
Deutscher Dichter und
Parlamentssekretär in London

Bummellied

Die Welt ist rein besoffen,
das wird mir endlich klar,
es hilft kein Mühn und Hoffen,
es ist ganz offenbar,
die Welt ist rein besoffen,
das ist urbummelklar.
Die Welt ist rein besoffen
und alles Trug und Wahn,
aus unbekannten Stoffen
geriet sie in den Tran.
Die Welt ist rein besoffen,
es liegt vielleicht im Plan.
Und weil die Welt besoffen,
so sauf ich selber mit
und bin ich selbst betroffen,
bin mit der Welt ich quitt,
entsühnt und weltbesoffen –
im Anfang war der Sprit.

Hans Ellisen
(19. Jahrhundert)

Trinken

Trinken bringt den Erdengast
in des Himmels Hafen.
Wenn du brav getrunken hast,
kannst du auch brav schlafen.
Und im Schlafe unbewusst
tust du keine Sünden.
Wenn du keine Sünde tust,
wirst du Gnade finden.
Dem, der Gottes Gnade find't,
steht der Himmel offen.
Daraus folgt, verehrtes Kind,
– § 11: Es wird fortgesoffen!

Axel Winckler
(19. Jahrhundert)
Liedermacher

Gute Geldanlage

Wir liegen gut im Trend:
Ein jeder, der uns kennt,
der legt sein Geld
in Alkohol an.
Wo sonst gibt's 40 %?

Warnung vor der Trunkenheit

Wer mit goldenem Saft der Reben
frechen Mutes sich betrinkt,
ist nicht wert als Mensch zu leben,
wenn er als Tier zu Boden sinkt.
Ihm ist kein Mann von Ehre hold;
Verachtung dir, du Trunkenbold!

Aus dem Buch »Biedermeier«

So wankelig

Ich bin ein alter Bösewicht,
so wankelig von Sinnen;
ein leeres Glas gefällt mir nicht,
ich will, dass was darinnen...
Ich bin gerade so als wie
der Erzbischof von Köllen,
der leert sein Gläschen wuppheidi!
Und lässt es wieder völlen.

Nach Wilhelm Busch
(1832–1908)

Zünftig berauscht

Wenn flotte Blasmusik ertönt,
dann sind wir voll und zugedröhnt
kotzlustig hier im Saal
und finden's nicht fatal,
kommt flink ein Maßkrug angeflogen.
Wir Zecher dulden keine Drogen:
Auf! Lasst uns sie vernichten.

Die Zecher

Die Brüder vom heiligen Benedikt,
die haben so gern in das Glas geblickt.
Das mussten wohl wackere Zecher sein,
sie sprachen gar oft in der Schenke ein
und wenn es zur heiligen Frühmesse rief,
wohl mancher der Zecher den Rausch verschlief.
Dann war ihnen nachher der Blick so mild,
als hing in den Augen ein Gnadenbild.

Karl Preser
(19. Jahrhundert)
Liedermacher

Rätsel

Warum haben die Blondinen
immer so verklärte Mienen?
Dies zu raten ist nicht schwer:
Fällt ein Alkoholiker
über 'ne Blondine her,
ja, dann kriegt sie, die Blondine,
gleich so 'ne verklärte Miene,
weil ein trinkerprobter Mann
richtig sie bedienen kann.
Die Blondinen zu bedienen,
dass verklär'n sich ihre Mienen,
sagt, was kann es Schönres geben?
Die Blondinen sollen leben.
Die Blondinen,
die Blondinen
vivat, vivat,
leben hoch!

Schnaps

Herr Klink war sonst ein braver Mann,
von Stand ein Stadtsoldate;
nur schade, dass er dann und wann
ein wenig schnapsen tate
und dass er dann in seinem Zorn
die arme Gattin schlug,
wenn sie nicht gleich, wie er befahl,
ihm Schnaps entgegentrug.
Dann half der Mutter Bitten nicht,
der Tochter Weinen und Flehen,
half alles nicht, Herr Klink wollt bloß
den Schnaps im Glase sehen;
sie mochten wollen oder nicht,
sie mussten Schnaps ihm holen,
denn ihr Gemahl, ein grober Wicht,
pflegt' sonst sie zu versohlen.
Schnaps, Schnaps, Schnaps,
du edeles Getränke,
du bist und bleibst von der Natur
das edelste Geschenke!

Aus dem »Kommersbuch«

Die Gedanken sind frei

Ich liebe den Wein,
den Soruff (Branntwein) vor allen.
Er tut mir allein
am besten gefallen.
Ich bin nicht alleine
bei meinem Glas Weine,
mein Soruff ist dabei:
Die Gedanken sind frei!

So lang es sich gut saufen lässt

So lang es sich gut saufen lässt,
stehn wir zu dir auf deinem Fest.
Ein dreifach Hoch!, ruft der Verein
und wünscht auch weiterhin viel Schwein.
Macht ruhig weiter wie bisher,
gelegentlich auch etwas mehr.
Lasst uns mit Schnäpsen, Wurst und Eiern
und Freude diesen Festtag feiern.

Eva Rechlin
(geb. 1928)

Champagnerlied

Wenn das Atlantische Meer
lauter Champagner wär,
möcht ich ein Haifisch sein
und schlürfte die Wellen ein.
Wenn das Atlantische Meer
lauter Champagner wär,
wär ich viel lieber noch
ein Schiff mit großem Loch.
Ging ich dann auch zu Grund,
schlürft in der letzten Stund
ich deinen Schaum noch ein,
glühender Champagnerwein.

H. Stieglitz
(19. Jahrhundert)
Liedermacher

Schamperlied

Bua, wannst mar an Branntwein zahlst
und au a Bratl,
kriagst af d'Nacht
a guat's Liegastattl.

Aus Salzburg

Punschwunsch

Und würden zu Rum die Ströme
und würden die Meere zu Wein
und schmölzen dann alle Berge
als Zuckerhüte hinein
und drückt man den Mond als Zitrone
hinein in die köstliche Flut
und heizte die richtige Bowle
mit der Erde vulkanischer Glut
und könnt ich dann liegen und schlürfen
und trinken ohn Aufenthalt
– es würde doch nimmer bestehen
vor meines Durstes Gewalt!

Heinrich Seidel
(1842 – 1906)
Deutscher Dichter und
Romancier

Für heut ist lang noch nicht genug,
wir nehmen jetzt 'nen kräft'gen Zug.
Erhebt die Gläser (Krüge), Mann für Mann:
Stoßen wir an!

Vor Zeiten

Vor Zeiten, als man noch so trank,
dass mancher unterm Tisch versank,
was jetzt gar selten noch passiert,
da Tugend jedermann heut regiert,
da ging ein Pfaffe wohl nach Haus
von einem großen Kirmesschmaus.
Heidi, heida, hei tralaralala,
wie war dem Pfäfflein schwule da.
Es kam zum Steg im Kaisermoor,
der Weg kam ihm nicht breit g'nug vor;
da war der Kerl sehr aufgebracht,
dass man den Weg nicht breiter macht.
Und wie er zeigt: »So breit muss er sein!«,
da fällt er, plumps, in den Bach hinein.
Heidi, heida!
Nun glaubt man wohl mit dem Juchhei,
bei diesem Pfäfflein wär's vorbei?
Doch hat's bei dem noch keine Gefahr,
weil er gewohnt ans Trinken war.
Er trank das ganze Wasser aus
und ging dann trockenen Fußes nach Haus.
Heidi, heida, hei tralaralala,
das war ein guter Zug, ha, ha!
Lalalalala, cheerio.

Aus dem 19. Jahrhundert

Grog

Der Frosch ist ganz im Wasser drin
und tut doch keinen Zug,
das Wasser will ihm nicht zu Sinn,
ist ihm nicht gut genug.
Drum hüpft er wie ein Ziegenbock
und schreit nach Grog! Grog! Grog!

August Kopisch
(1799–1853)

Bruchstück aus einem Sündenregister

»Ach, sündhaft ist die ganze Welt!«,
spricht Pater Franz, der Kapuziner.
»Wir alle sind des Satans Diener,
der uns in seinen Klauen hält.
Wir saugen an der Wollust Brüsten
und schwelgen in der Sünde Schoß
und werden unter bösen Lüsten
bei Grog und Branntwein stark und groß.
Prost!«

»Kapuzinerpredigt« um 1800

Trinkgesang

Ich nehm mein Gläschen in die Hand
und fahr damit ins Unterland.
Vive la compagneia!
Ich setz mein Gläschen an den Mund
und leer es aus bis auf den Grund.
Vive la compagneia!
Das Gläschen, das muss wandern
von einem Freund zum andern.
Vive la compagneia!
Vive la, vive la, vive la la!
Vive la, vive la, hopsasa!
Vive la compagneia.

Volkstümlich

Sinngemäß: Es lebe die Saufkumpanei!

Freund, merke was der Volksmund spricht:
Gewärmte Schnäpse schmecken nicht!
Drum trinke deinen Schnaps stets kalt.
Zum Sterben bist du nie zu alt!

Branntweinlied

O Flascherl, hübsch und fein,
gefüllt mit Branntewein!
Du bist des Wursterls Freude,
bist seine Schnabelweide.
Gluck gluck, gluck gluck,
gluck gluck, gluck…
O goldener Branntewein,
wie süß schlüpfst du hinein!

Christian Friedrich Daniel Schubart
(1739–1791)

Krambambuli

Des Abends spät, des Morgens früh
trink ich ein Glas Krambambuli.
Er wärmt das Hirn, erfrischt die Sinnen,
stärkt das Gedächtnis, schärft den Witz;
bei ihm kann Stumpfsinn nichts gewinnen,
durch ihn gedeiht der Geistesblitz.
Was soll die Mineralienbrüh?
Ich trink ein Glas Krambambuli.

Nach Christoph Friedrich Wittekind
(um 1750)
Liederdichter

Krambambuli: Kräuterlikör
(Danziger Wacholderschnaps)

In zahlreichen Varianten überliefertes Gedicht. Bekannt sind auch die Verszeilen:

Sauft Wasser wie das liebe Vieh
und meint, es sei Krambambuli

Lieber einen ausgeben

Lieber einen Softdrink heben
als einen harten.
Lieber einen ausgeben
als – darauf warten!

Schnapsideen und Volksweisheit – gut gemixt!

Ein Gläschen Wein,
ein Kelchlein Sekt,
ein Stamperl Schnaps –
hm! schmeckt.

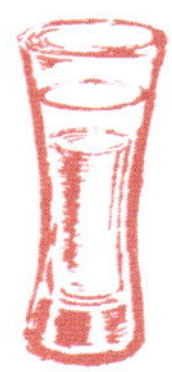

Weib, erspar mir deinen Fluch!
Es steht in meinem Lebensbuch.
Im Buch des Lebens steht geschrieben:
Schnaps, ich werd dich ewig lieben!

Johnny Walker geht,
der Schädel bleibt.

Bist du im Walde auf der Pirsch
und siehst 'ne Maid und keinen Hirsch,
wenn dir also Gutes widerfährt,
das ist schon einen (Branntwein) wert.

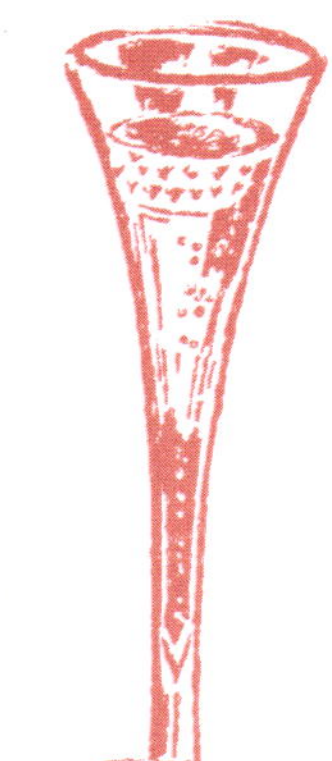

Ein volles Weinfass
klingt nicht sehr,
doch in sich
hat's Musik.

Ich liebe den Wodka
und liebe den Rum,
denn ohne Wodka
und ohne Rum,
da kumm i um!

Dies ist, ich weiß's und schwöre,
im ganzen Land bekannt:
Wo Saufen ist die Ehre
ist Speien keine Schand.

Wer erst vom süßen Weine trank
und dann von einem sauren,
spürt im Gedärm 'nen starken Drang
und ist sehr zu bedauern.

Parodie

Von Stürmen und Gewittern
war oft umtost mein Haus.
Drum trink ich manchen Bittern (bittern)
Kelch des Leidens aus.

Fressen wie ein Koch,
saufen wie ein Loch,
rauchen wie ein Schlot
gibt einen sanften Tod.
Zum Wohlsein!

Wenn du noch eine Tante hast,
und sie hat Wein im Keller,
so sei sehr oft bei ihr zu Gast
und trink den Muskateller.

Parodie

Wer nicht liebt Weib, Wein, Gesang,
der spart sein Geld
und wird nicht krank.

Parodie

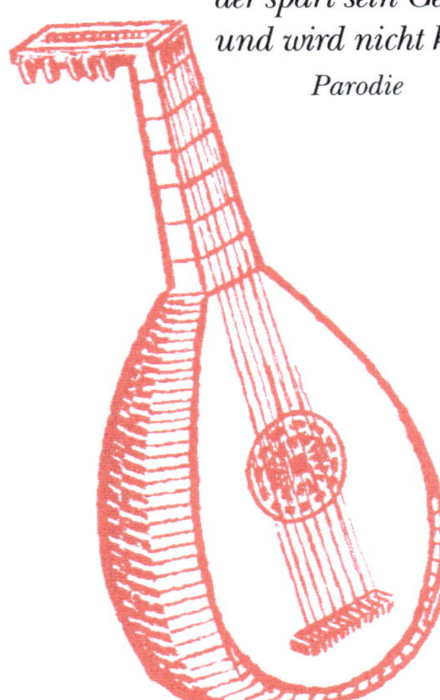

Die Sonne bringt es an den Tag.
Ob dieser Spruch noch stimmen mag?
Wenn wir die Zeit im Suff verbracht,
bringt es der Mondschein an die Nacht!

Tapfer in die Zukunft blicken,
selbst beim schlimmsten Magendrücken,
das nach strengem Biergenuss
öfters uns mal macht Verdruss.
Aber alles geht vorbei,
auch die schlimmste … Darmverstimmung.
Zum Wohlsein!

In der Bibel steht geschrieben,
ihr sollt fressen, saufen, lieben!

Fünf blaue Negerlein,
die tranken gerne Bier,
einer hat zu viel getrunken,
da waren's nur noch vier.

Zwei blaue Negerlein,
die tranken gerne Wein,
einer hat zu viel getrunken,
blieb einer ganz allein.

Ein blaues Negerlein
vereinsamt an der Bar,
das gibt es nicht,
das kann nicht sein,
weil alles nur erfunden war.
Aus einer Kinderliedparodie

Nur Flaschen
lassen sich voll laufen.
Wir sind keine Flaschen!

Wenn wir trinken
versuchen wir
unsere Sorgen zu ertränken.
Doch dabei
merken wir,
dass die verdammten Biester
schwimmen können.
Also, versuchen wir's noch einmal!

Und bist du nicht fest im Stand,
du musst drüber siegen.
Fallen ist keine Schand,
aber lange liegen.
Prost!

Der Teufel steckt im Alkohol,
dort hockt der Kerl
und fühlt sich wohl.
Teufel, komm raus!
Wir saufen dich aus.

Bundeswehr ist ungeheuer,
erstens Scheiß und zweitens teuer.
Weil er nachts zu spät gekommen,
musste er drei Tage brommen
ohne Bier und ohne Wein.
Wie gemein!
Prost!

Wo man trinkt,
darfst du
mal Pause machen.
Scharfe Kerle –
trinken
scharfe Sachen!

Volkstümliche Parodien

Ich hab einen Römerfund gemacht,
davon mir das Herz im Leibe lacht:
An den herrlichen Ufern
des östlichen Rheins
fand ich einen Römer voll
köstlichen Weins.

Ein Trinker saß beim Glase,
der Kopf war ihm so schwer,
denn seine rote Nase
bekümmerte ihn sehr.
Mein Lieber, seien Sie munter!
Das ist der Welten Lauf:
Als Rheingold fließt's hinunter,
als Kupfer steigt's herauf.

Nach Heinrich Heine
(1797–1856)
Deutscher Schriftsteller und Publizist

Über allen Dächern ist Ruh.
Allein im Wirtshaus siehst auch du
nur noch mich.
Nach Hause geh ich nun balde.
Warte nur – »Alte«,
jetzt komme auch ich.

Nach Johann Wolfgang von Goethe
(1749–1832)

Der Spätherbst ist, dass Gott erbarm,
für mich der Schlimmste schier:
Für Branntwein ist es noch zu warm
und schon zu kalt fürs Bier!

Aus den »Fliegenden Blättern«

In »kirchlichen Kreisen« singt man nach einem gelungenen Weinabend auf die Melodie der britischen Nationalhymne (God save the Queen) den folgenden Text:

Trinkfest und arbeitsscheu,
aber der Kirche treu,
halleluja!
Trinkfest und arbeitsscheu,
aber der Kirche treu
(oder: doch stets im Glauben treu),
immer der Kirche treu,
halleluja!

Wir lassen den Amor und Bacchus
hoch leben bei jedem Fest.
Seid froh, wenn der Wein und die Liebe
euch selber leben lässt!

Bacchus: Gott des Weines

Der Mensch lebt nicht vom Brot allein,
es muss auch mal ein Kümmel sein.

Ich kämpf mit meinem Durste
oft eine wilde Schlacht.
Doch hab ich es noch niemals
zu einem Sieg gebracht.
Ich trink und trink und trinke
und kämpfe mörderisch;
jedoch am Schluss des Kampfes,
da fall ich unter den Tisch.

Wie darf man diesen Lehrsatz drechseln:
»Der Stoff sei ewig, die Formen wechseln«?
Mein Weinkrug ist doch nicht abnorm;
er wechselt den Stoff und behält die Form!

Alpenländische Schnaderhüpfln und feuchtfröhliche Gstanzln

Das Schnaderhüpfl (Schnader = Schnitter) wurde ursprünglich beim Erntetanz gespielt. Gstanzln (vierzeilige Neckverse) wurden hauptsächlich in Wirtshäusern, auf Bauernhochzeiten und beim Bierfest nach dem Almabtrieb im Herbst gesungen.

Grüß dich Gott, Bruder,
das Geld ist mit dir,
du bist voller Gnaden.
Komm, zahl mir ein Bier!

Wenn der Kirchturm ein Maßkrug wär
und wär voller Bier,
dann sauferten wir bloß eine Maß
und nicht drei oder vier.

Für die Flöh gibt's a Pulver,
für die Stiefel gibt's a Wichs,
fürn Durst gibt's a Bockbier,
bloß für die Dummheit gibt's nix.

Seppl, schütt's Bier net aus,
Kreuz-Parasol!
Gell, die neu Kellnerin,
die gefallat dir wohl?

Der Weinstock trägt Reben,
der Maßkrug trägt Bier
und ich trag meinen Rausch heim
in der Früh um halb vier.

Und wenn ich einmal gestorben bin,
ach, von mir werden die Leut reden.
»Tröst ihn Gott«, werden sie sagen,
»der hat's Bier so gern mögen.«

A kreuzlustiger Bua
kommt allweil in Himmel,
und jetzt wird er versoffen,
mein Vatern sein Schimmel!

Ich und mein Rausch
leben auf Tausch.
Den Rausch, den hab ich
und der Rausch, der hat mich.

Der Mensch hat den Geist,
hat der Schullehrer gesagt;
dass der Schnaps auch einen hat,
hat er nicht gesagt.

Wie der Wirt, so das Bier,
das er ausschenken tut:
Ist er freundlich, ist es schlecht,
ist er grob, dann ist's gut.

Verse fürs Gästebuch

Tausend Dank
für Speis und Trank!

Das Gästebuch – ein Freundschaftssouvenir

Wenn wir unsere Trinkpoesie- und Trinkspruchsammlung mit einem Kapitel Gästebuchverse beschließen, so hat das seine guten Gründe. Wie oft wird man nach einem gelungenen Fest – womöglich sogar beschwipst oder in weinseligem Zustand – um einen Eintrag in das Gästebuch gebeten. Dann steht man (frau) da und weiß nicht weiter. Kein Geistesblitz will zünden. Einer unserer großen Humordichter beschrieb diesen peinlichen Zustand sehr treffend:

»Man fühlt sich aufs Klosett gesperrt,
obwohl man gar nicht muss!«
Joachim Ringelnatz (1883–1934)

In solch eine missliche Lage werden Sie niemals geraten, wenn Sie wenigstens einen Spruch »für alle Fälle« parat haben. Ein Gästebuch enthält Eintragungen von Leuten, die bei einer Hausparty oder auf einem anderen Fest zu Gast waren. Es ist also ein Erinnerungsbuch fürs ganze Leben. Wo gerne gefeiert wird (nicht nur im Hotel, Verein oder Gasthaus), sollte ein Gästebuch vorhanden sein. Ob es auch liebevoll geführt wird, hängt nicht allein vom Gastgeber ab. Um den Gästen die Furcht vor leeren Seiten zu nehmen, könnte der Gastgeber die folgende Widmung benutzen:

»Wer schreibt in dieses Gästebuch
uns den allerersten Spruch?
Wer den zweiten, wer den dritten?
Fangt frisch an! Wir möchten bitten,
seid nicht träg und zimperlich.

Lieb und nett ist's sicherlich,
was ihr uns ins Buch hier schreibt.
Sagt man doch, wer schreibt, der bleibt!«

Was Sie letztendlich in das Album hineinschreiben, bleibt selbstverständlich Ihnen überlassen. Beherzigen Sie dennoch den Rat, schriftlich Dank zu sagen und den Gastgeber sowie das Fest zu loben. Üben Sie niemals Kritik. Der Satz »Hier wendet sich der Gast mit Grausen« von Friedrich Schiller ist zwar ein klassisches Zitat. Dennoch müsste der Gastgeber sehr viel Spaß verstehen, wenn er diesen Eintrag voller Wohlwollen und schmunzelnd akzeptieren würde.

Der Not gehorchend,
nicht dem eignen Trieb,
schreib ich mich ein
in dieses Gästebuch
und schreib mit
Schönschrift hin:
Ich hab euch lieb
und danke fein!
Sagt, ist das
nicht genug?

Freund, versäume nicht zu leben,
denn die Jahre fliehn,
und es wird der Saft der Reben
uns nicht ewig glühn!

Du bist auf dieser Welt nur Gast
auf eine kurze Zeit von Tagen.
Wird's dir so schwer, dich also zu betragen,
dass du nicht andern Gästen wirst zur Last?

Aus dem 19. Jahrhundert

Ich lobe mir einen heiteren Mann
am meisten unter meinen Gästen;
wer sich nicht selbst zum Besten haben kann,
der ist gewiss nicht von den Besten.

Johann Wolfgang von Goethe
(1749–1832)

Es blüht die Wurst nur kurze Zeit,
die Freundschaft blüht in Ewigkeit

Wilhelm Busch
(1832–1908)

Viele Gäste wünsch ich heut
mir zu meinem Tische!
Speisen sind genug bereit:
Vögel, Wild und Fische.

Nach Johann Wolfgang von Goethe
(1749–1832)

Zapfend das zähe, doch zarte,
aus Bayern das bräunliche Bockbier,
send und sag ich dir Segen!
Trefflich träufen die Tropfen,
süß ist der süffige Sud.
Dankend denket dein und dichtet
der Dahn.

Felix Dahn
(1834–1912)
Deutscher Schriftsteller, Jurist
und Historiker

Felix Dahn bedankte sich mit diesen Zeilen
für ein Fass Bockbier aus München

Kurz war ich Gast in deinem Haus,
doch mach dir bitte nichts daraus;
ich kann nicht länger bei dir sein,
doch kehr ich gern bei Bier und Wein
mal wieder bei dir ein!

Speis und Trank erhalten dich
in dem rechten Gleise.
Nimmer fehl's an Speis und Trank
auf der Lebensreise.

Aus dem 19. Jahrhundert

Sitzt einer vor dem Gästebuch,
wird ihm das Reimen leicht zum Fluch,
ich aber reime frei und frank:
Von Herzen allerbesten Dank
für gute Speis und besten Trank!

Ich danke dir

Ich schaue in dein Gästebuch
voll mit erlauchten Namen.
Das Versedrechseln ist ein Fluch,
die Reime, die mir kamen,
sie sind verschwunden – wie verhext! –
beim Anblick schöner Schriften.
Nicht einer, der hier mal gekleckst.
Soll ich mich deshalb giften?
Still setz ich mich und schreibe hier
flott aufs Papier: Ich danke dir!

Wir haben gelacht,
gegessen, gesoffen,
froh den Abend verbracht,
drum sag ich offen:
So schön wie heute,
ihr lieben Leute,
könnt's öfters sein
und ich kehre gern
bei euch wieder ein!

Alle Tage Wein und Braten,
alle Säcke voll Dukaten,
kleines Glück im Winkel still,
das ist, was ich wünschen will.
Aus dem Biedermeier

Was soll ich noch reimen,
was soll ich noch sagen?
Mein Kopf ist voll
und auch mein Magen.
Jener vom Braten
und dieser vom Wein.
O – lasst uns auch weiterhin
Freunde sein.

Hier sollen nur drei Worte stehn:
Danke – Danke – Dankeschön!

Genug gejubelt und getrubelt,
genug gesoffen und gelumpt.
Ich bin »hochgeistig« voll gepumpt
und schreibe nur noch »Dank und Kuss«
und jetzt ist's Schluss!

Hier hat's uns gefallen,
viel schöner als daheim,
drum danke ich euch allen
hier mit diesem Reim.

Gut war das Festmahl
und gut war der Wein.
Mir dreht's sich im Kopf rum,
drum muss ich jetzt heim!

Mancher Gast
ist eine Last,
mancher bringt
auch Freude.
Sagt mir,
liebe Leute,
hab ich
euch gepasst?

Wer Gastfreundschaft übt,
bewirtet gleichsam Gott selbst!
Talmud
(5. Jahrhundert n. Chr.)

Einen gastfreien Mann
loben die Leute!
Zitat aus der Bibel

Herrlich schmeckt der Kaviar,
die Auster auch nicht minder.
Trinkt man guten Wein dazu,
sind sie noch viel gesünder.

Dies schreibt dir zur seligen
Erinnerung Ernst Dimpfelmoser

Volkstümlich

Lebe wohl,
trinke Wein!
Esse Kohl,
gedenke mein!

Albumspruch

Zum Schreiben keine Zeit,
bin müde!
Dank und herzliche Grüße.

Frei nach Friedrich II. (der Große)
(1712–1786)
Preußischer König

Zufrieden scheid ich heute,
denn: Wiedersehen bringt Freude!

Wer vieles bringt,
wird manchem etwas bringen,
und jeder geht zufrieden aus dem Haus...

Nach Johann Wolfgang von Goethe
(1749–1832)

Methodischer Hinweis und rechtlicher Nachweis

In literarischen Sammlungen mit Gebrauchslyrik (wie es letzten Endes auch Trinklieder und Trinksprüche sind) ist man oft nicht so genau, was die Zuschreibung einzelner Autorentexte anbelangt. Zahlreiche Reime ohne Nennung eines Autorennamens stammen zwar vom Herausgeber oder sind Nachdichtungen bzw. Bearbeitungen alten Volksgutes. Dennoch ist es möglich, dass es in dieser Sammlung auch zu »geistigen Fehlleistungen« gekommen sein könnte. Falls literaturkundige LeserInnen einen gravierenden Fehler entdecken, bei dem es sich nicht nur um eine Anpassung an die Gegenwartssprache oder Kürzung des Textes handelt, wären Verlag und Herausgeber – vor allem bei fehlenden Autorennamen – für jeden Hinweis dankbar, um etwaige Fehler bei einer Neuauflage auszumerzen. Falls ein Urheberrecht übersehen wurde (der Herausgeber hat sich bemüht, alle urheberrechtlichen Ansprüche vorab zu klären), ist der Verlag für jeden berechtigten Hinweis dankbar und zu einer Vergütung des Anspruchs im üblichen Honorarrahmen für Einzelabdrucke bereit. Die vom Herausgeber vorgenommenen sprachlichen Anpassungen an die Gegenwart, textlichen Kürzungen und leichten Veränderungen geschahen mit dem Ziel, den Gebrauchswert dieser Sammlung zu steigern und alten, spröden Reimen neuen Witz und neues Leben einzuhauchen.